Armin Täubner
Inge Walz

Traumhafte
Sterne

Aus Papier, Holz, Filz & Co.

INHALTSVERZEICHNIS

Traumhafte Sterne

Alle Jahre wieder schmücken wir unsere Häuser und Wohnungen zu Weihnachten mit Sternen in allen Variationen. Sie sind neben Engeln heutzutage das weihnachtliche Symbol schlechthin und dürfen daher auch in keiner festlichen Dekoration fehlen.

Im Buch finden Sie neben Sternen aus traditionellen Materialien wie Stroh, Bastel-Span, Holz oder Bastel-Alufolie, auch solche aus edlen und modernen Papieren, Filz, Perlen oder gar aus Glasmosaiksteinen. Wie Sie sehen, sind der Materialvielfalt keine Grenzen gesetzt.

Einige Sterne können beleuchtet und damit ein wahres Highlight Ihrer Weihnachtsdeko werden. Aber auch als Tür- oder Fensterschmuck kommen filigran gesägte Holzsterne ganz besonders gut zur Geltung. Und auf der festlich gedeckten Tafel stehen glänzende Filz- oder Perlensterne jedem noch so edlen Porzellan die Schau.

Lassen Sie sich von den faszinierenden Sternvariationen inspirieren – wir wünschen Ihnen viel Spaß dabei!

Schwierigkeitsgrad

☾   einfaches Motiv
☾☾   etwas schwierigeres Motiv
☾☾☾   anspruchsvolles Motiv

Tipps

Sie finden in diesem Buch zahlreiche Tipps und Tricks, damit Ihnen das Basteln noch mehr Spaß macht. Orientieren Sie sich bitte an den folgenden Symbolen:

Bastel-Tipp

Oft sind es nur ein paar kleine Handgriffe, die das Arbeiten leichter machen. Diese Kniffe verraten wir Ihnen bei den Bastel-Tipps.

Variations-Tipp

Das Modell sieht auch in einer anderen Farbe oder mit anderen Materialien toll aus? Bei den Variations-Tipps finden Sie Vorschläge, wie Sie das Modell abändern können.

Anwendungs-Tipp

Sie suchen ein Modell, das z. B. gut als Geschenk geeignet ist, oder Sie überlegen, wie und wofür Sie das Modell hinterher verwenden können? Dann helfen Ihnen die Anwendungs-Tipps weiter.

Einkaufs-Tipp

Wo bekomme ich was? Die Einkaufs-Tipps verraten, wo Sie am besten bestimmte Materialien einkaufen, damit Sie nicht stundenlang in verschiedenen Geschäften danach suchen müssen.

Spar-Tipp

Damit Sie noch genügend Geld für die anderen schönen Dinge des Lebens übrig behalten, zeigen wir Ihnen bei den Spar-Tipps Tricks und Möglichkeiten auf, die den Geldbeutel lachen lassen.

ALLGEMEINE MATERIALIEN UND WERKZEUGE

Folgende Materialien und Werkzeuge werden für die meisten der in diesem Buch gezeigten Sterne benötigt. Sie werden in den Materiallisten zu den speziellen Modellen nicht mehr extra aufgeführt.

- Transparentpapier
- Fotokarton oder anderer dünner Karton
- UHU Alleskleber kraft
- UHU Alleskleber
- Klebestift
- Zirkel
- Druckbleistift
- feiner Filzstift in Schwarz
- Schere
- Cutter mit Schneideunterlage
- Geo-Dreieck® oder Lineal
- Seitenschneider (um Drähte abzuschneiden)
- Vorstechnadel

ZUSÄTZLICH ZU HOLZARBEITEN

- Laub- oder Dekupiersäge
- Bohrer in verschiedenen Größen
- Holzfeile
- Schleifpapier, 240er Körnung
- Schleifblock
- ggf. Kohlepapier

HINWEISE

- UHU Alleskleber kraft verwendet man für fast alle Klebearbeiten außer bei Transparentpapier, Seidenpapier und Papier.
- UHU Alleskleber eignet sich für Papier und Fotokarton.
- Mit einem Klebestift klebt man Transparentpapier und Seidenpapier.
- Unter „Rest" wird immer ein Stück verstanden, das maximal A5 groß ist. Werden für ein Modell aber exakte Größenangaben benötigt (beispielsweise genau 20 cm x 6 cm große Rechtecke), so werden genau diese Maße auch in der speziellen Materialliste aufgeführt.

So wird's gemacht

Schablonen anfertigen

1 Die Vorlage entweder mit Bleistift auf Transparentpapier abpausen oder einfach fotokopieren.

2 Dann das Transparentpapier bzw. die Fotokopie auf Fotokarton oder einen anderen dünnen Karton kleben und mit der Schere oder dem Cutter die Schablone ausschneiden. Diese Schablone dann auf das gewünschte Material legen und die Konturen nachziehen.

Bastel-Tipp

Wenn Sie wollen, können Sie für größere Modelle die Vorlagen mit dem Kopierer nach Wunsch vergrößern.

Schneiden und falten

Exaktes Falten wird erleichtert, indem die Faltlinie leicht mit dem Cutter angeritzt wird. Anschließend die Faltung mit dem Falzbein überstreichen. Dann wie in der jeweiligen Anleitung erklärt fortfahren.

Holzarbeiten

1 Zuerst die Vorlagen auf das Holz übertragen. Dazu entweder Schablonen verwenden oder die Vorlagen mithilfe von Kohlepapier (die beschichtete Seite nach unten legen) übertragen.

2 Dann das Motiv bzw. die Motivteile mit der Laub- oder Dekupiersäge aussägen und die Kanten mithilfe der Feile und dem Schleifpapier glätten.

3 Zum Schluss die Motive wie abgebildet zusammensetzen.

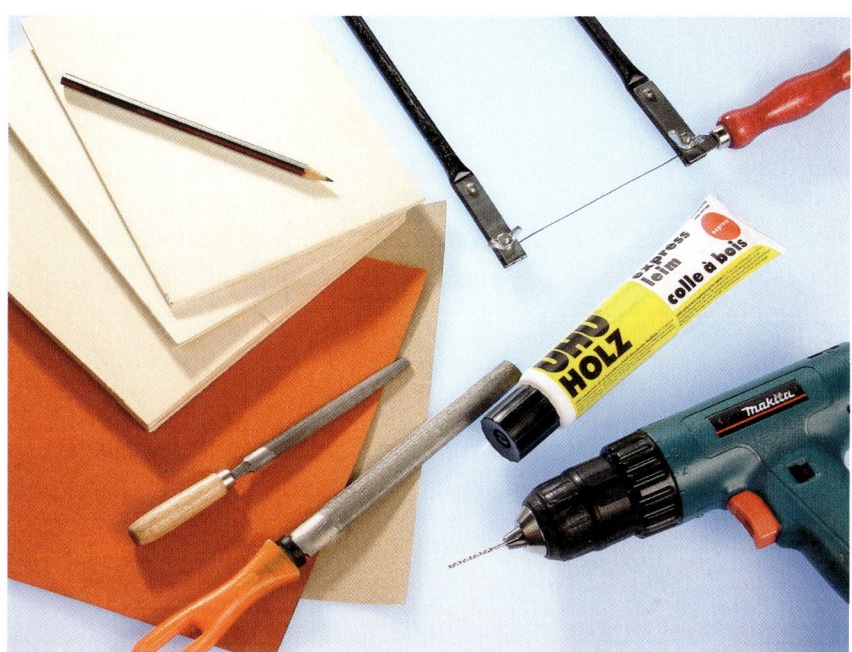

Stroh vorbereiten

Die Halme mit dem Strohspalter, den es mit verschiedenen Einteilungen gibt, spalten. Hierfür den trockenen Strohhalm auf die Einkerbung in der Mitte setzen und vorsichtig durch den Strohspalter ziehen. Es entstehen gleichmäßige Streifen. Geknickte oder beschädigte Streifen gleich aussortieren. Eventuelle Fasern am Rand sauber abschneiden.

Hinweis: Zarte Knicke am besten auf der Rückseite mit Klebefilm sichern.

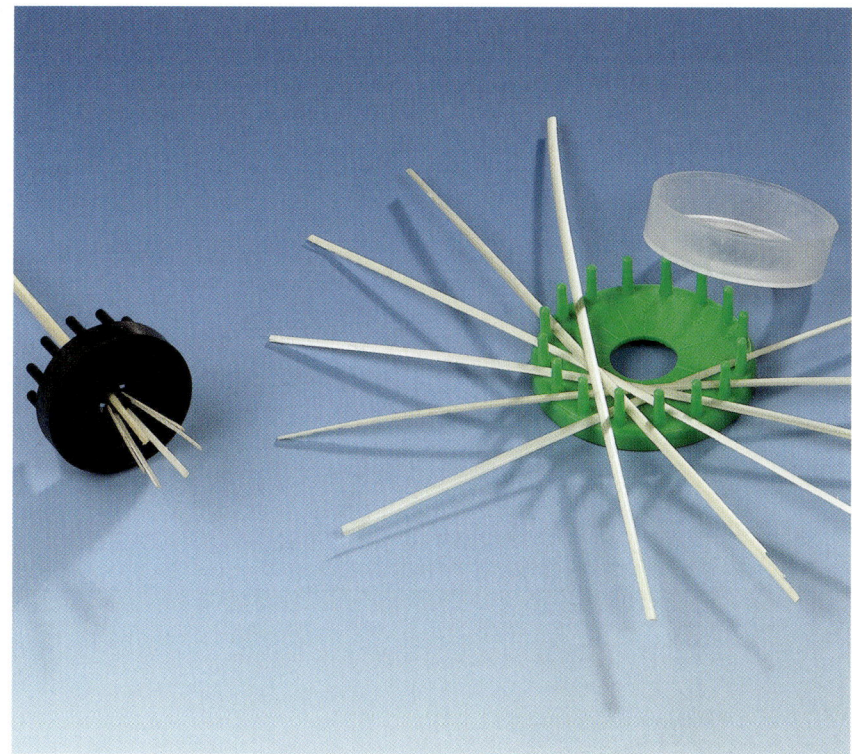

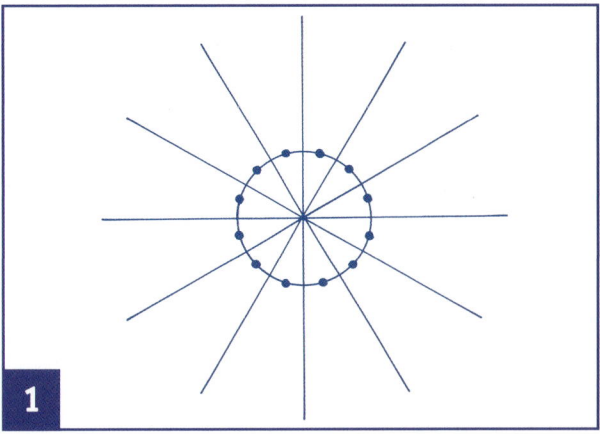

1

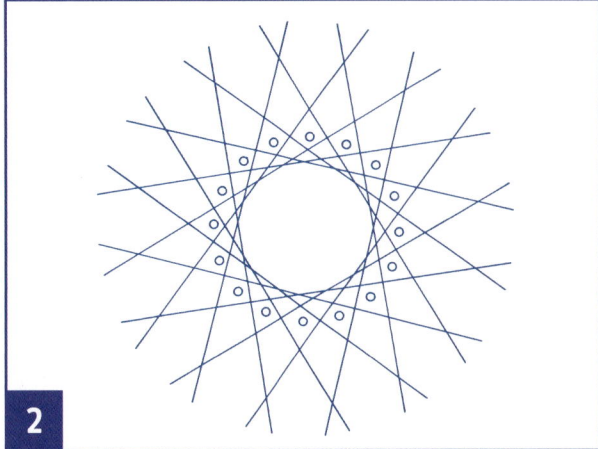

2

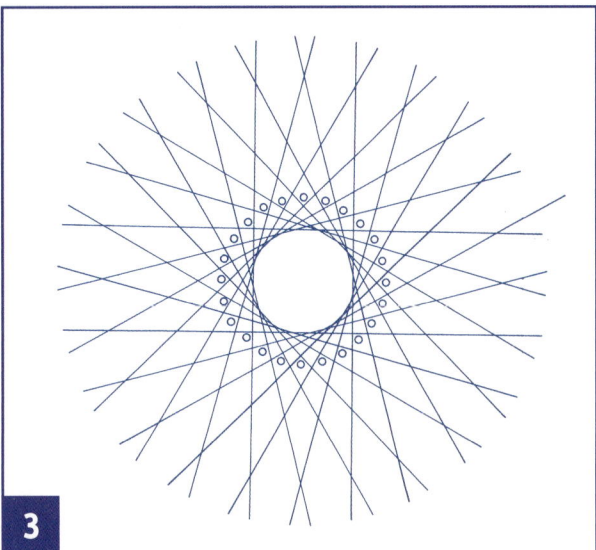

3

Legen der Strohhalme

1 Um die Halme nach Zeichnung 1 durch die Mitte zu legen, benötigt man je nach Größe der Legeform sechs bis zwölf Halme. Die Legeformen gibt es in unterschiedlichen Durchmessern mit variierender Lückenanzahl. So gibt es kleine Formen mit Durchmesser 4 cm und zwölf Lücken, mittlere Formen mit Durchmesser 6 cm und 16 Lücken oder mit Durchmesser 5,5 cm und zwölf Lücken. Die großen Legeformen haben in der Regel einen Durchmesser von 9,5 cm und 24 Lücken.

2 Möglich ist auch, die Sterne nicht durch die Mitte, sondern in bestimmten Abständen entlang der Rundung in die Form zu legen. So kann man jeweils eine bis sechs Lücken lassen. Zeichnung 2 zeigt einen Stern, bei dem jeder Halm mit drei Lücken zwischen die Stäbchen gelegt wurde, Zeichnung 3 einen Stern, wo die Halme mit sechs Lücken gelegt wurden.

3 Beim Binden immer so vorgehen: Den Gummiring bzw. Einsatz im Legegerät entfernen. Die Streifen im Uhrzeigersinn in die Form legen. Sind alle Runden eingelegt, mit der Hand die Halme in die Form drücken und den Gummiring auflegen, um die Halme zu fixieren, während man den Stern klebt oder bindet.

Binden

Bei manchen Sternen ist es einfacher, sie mithilfe der Stopfnadel zu binden. Den Faden zweimal um jeden Kreuzungspunkt schlingen und direkt zum nächsten Kreuzungspunkt fahren und wieder zweimal die Halme umschlingen. Die Fäden grundsätzlich immer auf der Rückseite zusammenknoten. Die Aufhängeschlinge nicht vergessen.

Aurelio-Stern

Papierart

Für den Aurelio-Stern müssen die Faltungen sehr sauber ausgeführt werden. Das verwendete Papier muss sich daher leicht und exakt falten lassen. Außerdem sollte es relativ stabil sein und eine glatte, geschlossene Oberfläche besitzen, damit die gefalteten Module problemlos zusammengesteckt und -geklebt werden können. Am besten geeignet ist Origamipapier.

Es sollten nur Papiere mit weniger als 130 g/m² verwendet werden, da sie sich sonst nicht mehr sauber falten lassen. Bei Papieren ab 90 g/m² müssen die Faltlinien mit einem Falzbein nachgezogen werden.

Grundsätzlich gilt: Die Papierstärke sollte sich nach der Größe des fertigen Sterns richten. Je kleiner der Stern, desto dünner sollte das Papier sein. Bei größeren Sternen kann – und muss – stärkeres Papier verwendet werden.

Module falten

1 Das Papierquadrat in der Mitte falten und wieder öffnen. Alle Ecken zur Mitte falten, sodass ein kleineres Quadrat entsteht.

2 Das Quadrat wenden und auf die Spitze stellen. Der Mittelfalz verläuft senkrecht. Die rechte Seite zur Mitte falten, sodass unten eine schmale Spitze entsteht. Die linke Seite ebenfalls zur Mitte falten, sodass oben eine schmale Spitze entsteht. Wichtig ist, dass mit dem Falten stets auf der rechten Seite begonnen wird. Module, die auf der linken Seite begonnen werden, passen später nicht in das Gesamtgefüge.

3 Die Trapezform wenden. Die rechte und die linke Ecke zur Mittellinie falten, sodass eine Raute entsteht. Diese Seite wird später zur Sterninnenseite und ist dann nicht mehr sichtbar. Das rechte obere und das linke untere Dreieck sind Klebeflächen.

4 Die entstandene Raute wenden, in der Mitte falten und wieder öffnen. Diese Seite der Raute ist später die Sternaußenseite. Im rechten oberen und linken unteren Dreieck befindet sich jeweils ein kurzer, schräger Schlitz, in den das Klebedreieck eines anderen Moduls eingesteckt wird. Dazu wird das Klebedreieck nach außen geklappt und auf der Rückseite mit Klebstoff bestrichen, bevor es in den Schlitz des anderen Moduls gesteckt wird.

Module aus festerem Papier kleben

Wenn relativ dicke Papiere verwendet werden, sollte jedes einzelne Modul zusätzlich mit Klebstoff stabilisiert werden. Die Module werden gefaltet wie links beschrieben. Lediglich die im Arbeitsschritt 2 und 3 entstandenen Flügel (nicht Klebeflächen) mit Klebstoff bestreichen und zum Trocknen mit Klammern sichern. Zusätzlich wird an jedem Modul die äußere Ecke der Klebedreiecke abgeschnitten. Dadurch lassen sich die Klebedreiecke tiefer in die Schlitztaschen stecken.

Nach dem Fertigstellen des Sterns die abstehenden Schlitztaschen zukleben. Dazu auf einen Kartonstreifen an der vorderen Kante der Oberseite etwas Klebstoff auftragen, den Kartonstreifen in die Schlitztasche stecken, die Schlitztasche leicht schließen, den Kartonstreifen herausziehen und den Schlitz fest zudrücken.

Bastel-Tipp

Auf keinen Fall lösungsmittelfreie Klebstoffe verwenden, da sich sonst das Papier stark wellt!

Kugelsterne kleben

Die Christbaumkugelsterne von Seite 47 und die Florentiner Kugelsterne von Seite 27 unterscheiden sich zwar in der Herstellung der Module, sie werden aber auf die gleiche Weise zusammengefügt. Die Beschreibung der Module erfolgt zum Teil im Anleitungstext oder auf den Vorlagenseiten.

1 Fünf Papierscheiben bzw. Module an den umgeklappten Randabschnitten zu einer Fünferrosette zusammenkleben.

2 An die freiliegenden Randabschnitte der Rosette jeweils eine Kreisscheibe ankleben.

3 An jeden der fünf Zacken eine Kreisscheibe ankleben, sodass ein Windrad entsteht.

4 Jeweils einen Randabschnitt der abstehenden Zacken des Windrades an den danebenliegenden Randabschnitt kleben. Die Dreiviertelkugel ist fertig.

5 Die letzten fünf Kreisscheiben an der Dreiviertelkugel ankleben und die neu angeklebten Kreisscheiben miteinander verbinden.

Fröbelsterne

1 Pro Stern vier Streifen in der Mitte falten und kreuzförmig ineinander einhängen (Zeichnung 1 und 2 auf Seite 84). Bitte beachten: Die Bänder auf den Zeichnungen sind nur verkürzt abgebildet!

2 Damit sich die Bandenden leichter durchstecken lassen, werden sie mit der Schere schräg abgeschnitten. Das obere Bandende nach unten klappen (Zeichnung 3). Nun im Uhrzeigersinn das rechte Bandende nach links (Zeichnung 4), das untere Bandende nach oben (Zeichnung 5) und das linke Bandende nach rechts klappen. Dieses Bandende zusätzlich noch unter dem anfangs nach unten geklappten Bandende durchziehen (Zeichnung 6).

3 Das linke obere Bandende an der gestrichelten Linie rechtwinklig nach hinten falten (Zeichnung 7). Das jetzt nach links weisende Bandende rechtwinklig nach unten falten (Zeichnung 8). Das jetzt nach unten weisende Bandende an der gestrichelten Linie nach rechts klappen (Zeichnung 9).

4 Oben ist ein kleiner Sternzacken entstanden. Diesen Zacken nach hinten biegen (kurzer Pfeil). Nun kann das nach unten weisende Bandende nach oben geklappt (langer Pfeil) und unter dem quer verlaufenden Band durchgezogen werden (Zeichnung 10 und 11).

5 Die Zeichnungen 12 bis 16 (Seite 84/85) zeigen, wie der zweite Zacken gearbeitet wird. Den dritten und vierten Zacken ebenso arbeiten. Nun den Stern wenden und wieder die Außenzacken arbeiten (vgl. Zeichnung 10 bis 16). Wenn jetzt die Bandenden abgeschnitten werden, ist der Stern an der Unterseite flach und kann beispielsweise auf eine Karte geklebt werden.

6 Ansonsten werden die vier Innenzacken gearbeitet. Wieder mit dem oberen Bandende beginnen. Das Bandende nach unten klappen (Zeichnung 17). Das linke Bandende muss nun unter das rechte nach unten weisende Band geschoben werden (Zeichnung 18). Damit die typische plastische Zackenform entsteht, wird das Bandende nach links außen gedreht, bevor es eingeschoben wird (Zeichnung 19). Das Bandende durchziehen, bis die Zackenform entsteht

(Zeichnung 20). Wird das rechte nach unten weisende Bandende angehoben, wird sichtbar, dass das durchgezogene Band jetzt aus dem nach unten weisenden Zacken ragt (Zeichnung 21).

7 Für den zweiten Innenzacken das linke nach unten weisende Bandende wie beim anderen Zacken zuerst nach links außen drehen und dann unter dem ersten Zacken durchschieben und -ziehen (Zeichnung 21 und 22). Die beiden anderen Innenzacken ebenso arbeiten (Zeichnung 23). Den Stern wenden und auf dieser Seite die Innenzacken ebenso arbeiten (vgl. Zeichnung 18 bis 23).

8 Mit der Schere die Bandenden, die aus den Zacken ragen, abschneiden (Zeichnung 24).

Bastel-Tipp ✂

Die Faltzeichnungen zu dem Fröbelstern finden Sie auf den Seiten 84/85. Orientieren Sie sich daran, wenn Sie die Fröbelsterne von Seite 29 nachbasteln, dann gelingen Ihnen auch die auf den ersten Blick sehr kompliziert anmutenden Sterne ohne Mühe!

TRANSPARENTE STERNE

Sie strahlen und leuchten durch ihre durchscheinenden Eigenschaften ganz besonders festlich. Nicht ohne Grund gehören sie zu den Klassikern unter den weihnachtlichen Sternen.

Leuchtende Fenstersterne
→ in Gelb und Blau

Gelber Stern

1 Jedes Papierrechteck längs in der Mitte falten und wieder öffnen (Zeichnung 1). Die Ecken an den gestrichelten Linien bis zur Mittellinie nach innen falten (Zeichnung 2). Die beiden oberen Ecken an den gestrichelten Linien wieder nach außen falten (Zeichnung 3).

2 Die beiden oberen Ecken an den gestrichelten Linien wieder nach innen falten (Zeichnung 4). Die oberen und die unteren Ecken an den gestrichelten Linien bis zur Mittellinie falten (Zeichnung 5 und 6). Beide Seiten so zur Mittellinie falten, dass oben eine schmalere Spitze entsteht (Zeichnung 7 und 8).

3 Die einzelnen Sternspitzen an den stumpfen Enden so zusammenkleben, dass die obenliegende Spitze immer die Hälfte der darunterliegenden Spitze verdeckt.

Variations-Tipp

Verwenden Sie anstelle des herkömmlichen Transparentpapiers z. B. Seidenraupen-Transparentpapier. Es verleiht dem Stern durch die spezielle Oberflächenstruktur eine andere optische Wirkung.

Blauer Stern

1 Schritt 1 (Zeichnung 1 und 2) wie beim gelben Stern ausführen. Jedoch die beiden unteren Ecken an den gestrichelten Linien wieder nach außen falten (Zeichnung 3).

2 Die beiden oberen Ecken an den gestrichelten Linien zur Mittellinie falten (Zeichnung 4). Die beiden Ecken an den gestrichelten Linien wieder nach außen falten.

3 Die einzelnen Sternspitzen an den stumpfen Enden so zusammenkleben, dass die obenliegende Spitze immer die Hälfte der darunterliegenden Spitze verdeckt.

Bastel-Tipp

Schneiden Sie vier Transparentpapier-Faltblätter, 15 cm x 15 cm, in der Mitte durch, und schon haben Sie Ihre acht Faltblätter.

MOTIVHÖHE
blauer Stern ca. 30 cm
gelber Stern ca. 40 cm

MATERIAL
◆ Transparentpapier in Gelb, 16 x 8 cm x 20 cm
◆ Transparentpapier in Blau, 8 x 7,5 cm x 15 cm
◆ Klebestift

VORLAGE SEITE 88/89

Edel in Weiß

→ als Fenster- oder Tischschmuck

MOTIVDURCHMESSER
ca. 9 cm und 10 cm

MATERIAL
PRO STERNEBENE
◆ Transparentpapier extra stark mit weißem Dekor,
6 cm x 6 cm, 8 cm x 8 cm oder 11 cm x 11 cm

VORLAGENBOGEN A

1 Die Vorlage fotokopieren, auf Karton kleben und ausschneiden.
Die Kartonscheibe ringsum an den durchgezogenen Linien bis zum
gestrichelten Innenkreis einschneiden. Mit einem Zirkel einen Kreis
mit demselben Radius wie die Schablone auf das Transparentpapier
zeichnen. Den Transparentpapierkreis ausschneiden und die runde
Schablone auflegen. Nun ringsum die Einschnitte mit einem Cutter
nachschneiden.

2 Aus den acht bzw. zwölf Abschnitten zwischen den Einschnitten
werden acht bzw. zwölf Zacken geformt. Dazu die beiden äußeren
Ecken eines Abschnitts in Pfeilrichtung nach oben klappen, zusam-
mendrücken und mit etwas Alleskleber fixieren. Dadurch entsteht
ein Knick in der Mitte des Abschnitts (gepunktete Linie). Die Klebe-
stellen mit kleinen Klammern fixieren.

3 Abschließend zwei oder drei Sterne mit gleicher Zackenzahl
auf- bzw. ineinanderkleben. Gleich große Sterne können auch
Rücken an Rücken versetzt aufeinandergeklebt werden.

Anwendungs-Tipp

Die Sterne machen sich auch an einem
Weihnachtsbaum sehr gut. Arbeiten Sie
hier auch die Rückseite der Sterne plas-
tisch aus und hängen Sie sie am besten
mit einem transparenten Nylonfaden auf.

Fotokarton und Transparentpapier

→ schöne Klassiker

MOTIVHÖHE
ca. 20 cm und 22 cm

MATERIAL
PRO STERN
◆ Fotokarton in Schwarz, 25 cm x 25 cm
◆ Seidenraupen-Transparentpapier
  in Weiß und Blau
◆ Tacker
◆ Klebestift

VORLAGENBOGEN B

1 Die Vorlage fotokopieren und mit dem Tacker drei oder vier Mal so auf dem schwarzen Fotokarton fixieren, dass sich die Tackerklammern innerhalb der größeren Innenflächen des Sterns befinden. Zunächst mit dem Cutter die kleinsten Innenflächen herausschneiden. Es folgen der Umriss und die großen Innenflächen.

2 Den schwarzen Stern wegen des Kontrastes auf einen weißen Untergrund legen. Darauf das Seidenraupen-Transparentpapier legen und mit Bleistift oder feinem Filzstift die Kontur von einer Innenfläche ringsum mit einer Zugabe von 2–3 mm nachzeichnen und grob ausschneiden.

3 Nun vom Transparentpapier weitere sechs oder sieben Papierstücke von etwa derselben Größe ausschneiden, aufeinanderstapeln und das fertig zugeschnittene Papier obenauf legen, mit der linken Hand halten und mit der rechten ausschneiden. Die Transparentpapierstücke auf die Rückseite des schwarzen Sterns kleben.

Bastel-Tipp

Wenn Sie möchten, dass Ihr Stern auf Vorder- und Rückseite gleichfalls schön aussieht, einfach einen identischen schwarzen Fotokarton zuschneiden und aufkleben.

Variations-Tipp

Hier links sehen Sie einen Stern mit rotem und gelbem Transparentpapier, der auch sehr schön aussieht.

PLASTISCHE STERNE

Das Besondere an diesen Papiersternen ist ihre Plastizität, die sie sehr erhaben wirken lässt. Sei es die Sternmitte oder die Zacken – sie verleiht den Sternen in jedem Fall eine beeindruckende Wirkung.

Fünfzackige Sterne
→ in Schwarz und Weiß

1 Vom Sternzacken eine Schablone anfertigen. Den Umriss fünf Mal mit Bleistift auf den Musterkarton übertragen. Die Motivteile ausschneiden und so hinlegen, dass sich die gemusterte Seite oben befindet. Mit Lineal und Cutter die gestrichelten Linien leicht anritzen (nicht einschneiden), falten und wieder öffnen. Das Motivteil wenden, sodass die weiße Seite oben liegt. Die beiden Strichpunktlinien anritzen und falten (siehe Foto unten rechts).

2 Um einen Zacken zusammenzukleben, den langen schmalen Randstreifen mit Klebstoff bestreichen und auf der gegenüberliegenden Seite des Motivteils ankleben. Die anderen vier Zacken ebenso arbeiten. Bei einem Zacken vor dem Zusammenkleben den Aufhängefaden einlegen, an dessen unterem Ende eine kleine Holzkugel oder ein Streichholzstück angebunden wird, damit der Faden nicht durchgezogen werden kann.

3 Beim Zusammenkleben der Zacken diese so anordnen, dass sie jeweils eine Drachenform bilden und die kurzen, breiten Spitzen nebeneinanderliegen. Nun gibt es zwei Möglichkeiten: Entweder die schmalen Randstreifen, die mit Klebstoff bestrichen werden, sichtbar auf den Nachbarzacken kleben oder, dies ist etwas schwieriger, vor allem wenn der letzte Zacken eingepasst wird, die Randstreifen unter den Nachbarzackenrand einschieben und ankleben.

MOTIVDURCHMESSER
ca. 28 cm

MATERIAL
◆ Musterkarton mit Ornamenten in Schwarz-Weiß, A3
◆ Musterkarton mit Blumen in Schwarz-Weiß, A3
◆ Nylonfaden
◆ Streichholz oder kleine durchgebohrte Holzkugel

VORLAGENBOGEN A

Aurelio-Stern

→ **aus 30 Modulen**

**MOTIV-
DURCHMESSER**
ca. 28 cm

MATERIAL
◆ 30 Blatt Origamipapier
in Weiß, 15 cm x 15 cm

◆ Nylonfaden
◆ Streichholz
◆ Wäscheklammern

Hinweis: Auf dem Titelbild sehen
Sie eine rote Variante dieses Sternes.

Für den Aurelio-Stern in Weiß 30 Module nach der Anleitung von Seite 6/7 falten.

Um den systematischen Aufbau des Sterns zu verdeutlichen, wird er hier in sechs Modulringen dargestellt. Orientieren Sie sich dazu an den Fotos auf Seite 20/21. Immer fünf Module bilden einen Ring. Wenn man den Stern einige Male nach diesem System gearbeitet und die Gesetzmäßigkeiten verinnerlicht hat, findet jeder einen eigenen Weg, z. B. die Module immer von links oder rechts zu befestigen oder ringsum alle fünf Module anzubringen und dann erst die Zacken zu arbeiten etc.

Hinweis: Arbeiten Sie Ihren ersten großen Aurelio-Stern unbedingt aus Origamipapier in einer Größe von 15 cm x 15 cm oder 20 cm x 20 cm.

Erster Modulring in Gelb

1 Eines der Klebedreiecke des ersten Moduls aufklappen, mit Klebstoff bestreichen und in einen der Schlitze des zweiten Moduls stecken.

2 Das dritte Modul einstecken, sodass es den Zwischenraum zwischen den beiden Zacken füllt.

3 Das vierte Modul auf die gleiche Weise ergänzen.

4 Schließlich das fünfte Modul einstecken, sodass eine geschlossene Sternform entsteht.

Zweiter Modulring in Orange

1 Beim ersten orangefarbenen Modul des zweiten Rings das Klebedreieck aufklappen, auf der Rückseite mit Klebstoff bestreichen und in den Schlitz eines gelben Moduls des ersten Rings stecken.

2 Die anderen Module ebenso befestigen.

3 Die windmühlenartige Form wenden.

4 Ein gelbes Klebedreieck des ersten Modulrings aufklappen und mit Klebstoff bestreichen. Das gegenüberliegende orangefarbene Modul umklappen und das gelbe Klebedreieck in den Schlitz dieses Moduls stecken. Auf diese Weise alle fünf Zacken bilden.

5 Den Stern erneut wenden.

Dritter Modulring in Rot

1 Das Klebedreieck des ersten roten Moduls aufklappen, auf der Rückseite mit Klebstoff bestreichen und in den Schlitz eines orangefarbenen Moduls des zweiten Rings stecken.

2 Vier weitere rote Module ebenso befestigen.

Vierter Modulring in Rot

1 Das Klebedreieck des ersten roten Moduls des vierten Rings in den Schlitz eines roten Moduls des dritten Rings stecken.

2 Die Form wenden und das freie Klebedreieck des orangefarbenen Moduls des zweiten Rings in den Schlitz des roten Moduls des vierten Rings stecken. So entsteht der sechste Zacken.

3 Ringsum an den restlichen vier roten Modulen des dritten Rings jeweils ein weiteres rotes Modul ankleben. Wie in Schritt 2 beschrieben vier weitere Zacken zusammenstecken. Jetzt hat der Stern bereits zehn plastische Zacken.

4 Zwei nebeneinanderliegende rote Module zusammenstecken und -kleben.

5 Den Vorgang ringsum wiederholen.

Fünfter Modulring in Orange

1 Das Klebedreieck des ersten orangefarbenen Moduls in den Schlitz eines roten Moduls des vierten Rings stecken.

2 Die restlichen vier orangefarbenen Module ebenso anbringen.

3 Das auf der Abbildung oberste orangefarbene Modul von links nach rechts über die aus zwei roten Modulen bestehende breite Spitze klappen und einen Zacken, den elften Zacken, fertigen.

4 Ringsum mit den restlichen vier orangefarbenen Modulen ebenso verfahren, bis insgesamt fünfzehn Zacken fertig sind.

Sechster Modulring in Gelb

1 Das Klebedreieck des ersten gelben Moduls in einen orangefarbenen Schlitz des fünften Rings einstecken.

2 Die restlichen vier gelben Module ebenso anbringen.

3 Vom fünften Ring ein orangefarbenes Klebedreieck in den Schlitz des benachbarten gelben Moduls stecken. Ringsum vier Mal wiederholen. An der Oberseite entsteht so eine Öffnung in Form eines Sterns.

4 Die Klebedreiecke der gelben Module aufklappen.

5 Die Klebedreiecke jeweils in die Schlitze der benachbarten gelben Module stecken. Unbedingt darauf achten, dass die noch freien Klebedreiecke immer nach oben zeigen, denn sobald die Öffnung zugeklebt wird, können sie nicht mehr aufgeklappt werden. Zum Schluss einen Nylonfaden um ein Streichholz binden und dieses durch ein Loch zwischen den Zacken einstecken.

Erster Modulring in Gelb

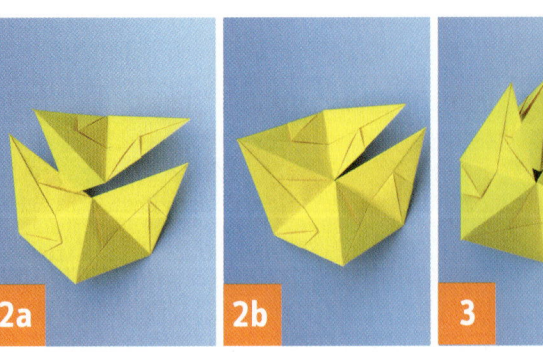

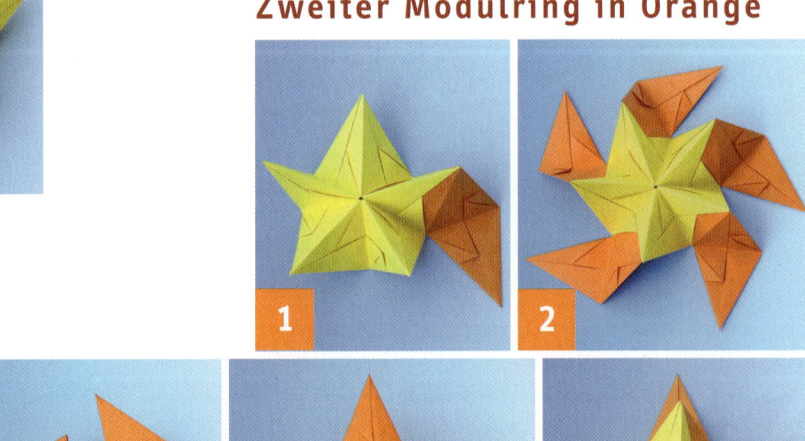

Zweiter Modulring in Orange

Dritter Modulring in Rot

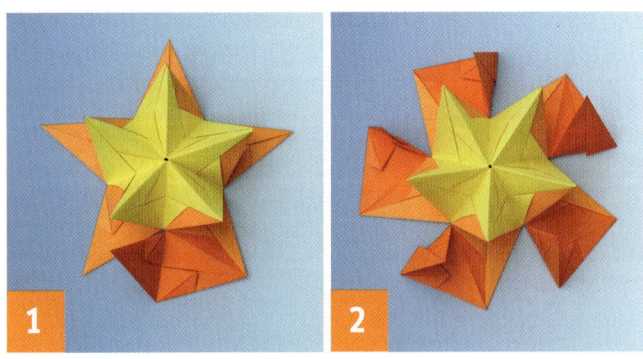

Vierter Modulring in Rot

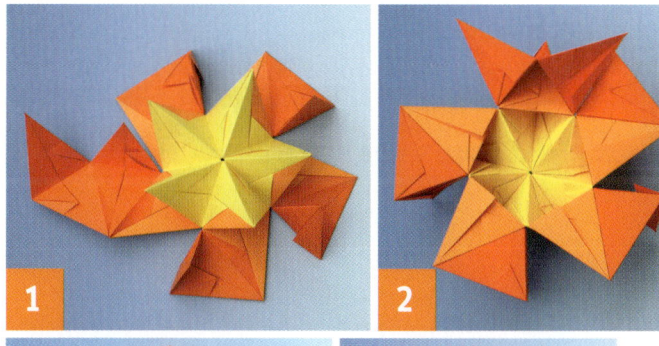

1

2

Hinweis: Alternativ können auch alle Module des vierten Rings auf einmal angeklebt und erst dann die Zacken zusammengesteckt werden.

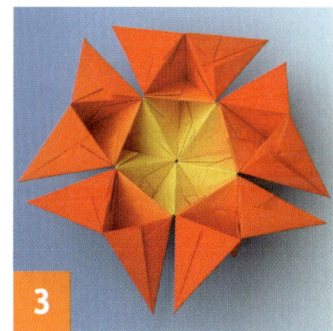

3

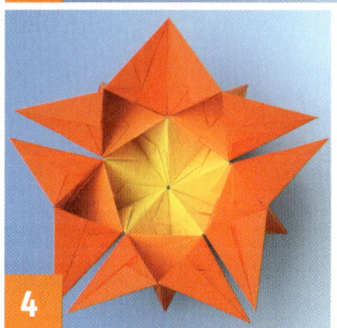

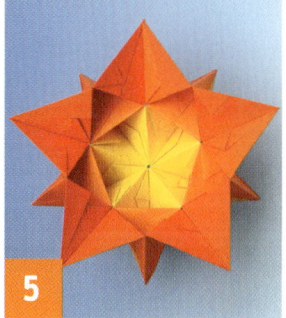

4

5

Fünfter Modulring in Orange

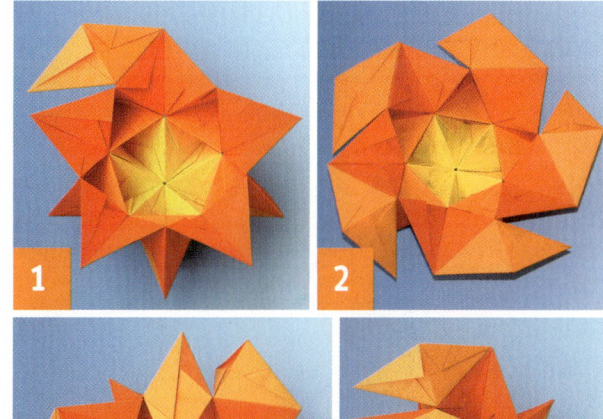

1

2

3

4

Sechster Modulring in Gelb

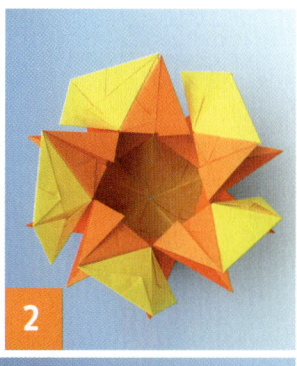

1

2

3

4

5a

5b

Flache Aurelio-Sterne

→ aus zwölf Modulen

MOTIVHÖHE
ca. ø 26 cm

**MATERIAL
FÜR ALLE STERNE**
- 12 Blatt Pleasure-Papier in Lila,
  15 cm x 15 cm
- 18 Blatt Crushpaper in Flieder
  sowie 6 Blatt Crushpaper in Lila,
  15 cm x 15 cm
- Wäscheklammern

1 Zwölf lilafarbene Module (Stern oben), sechs flieder- und sechs lilafarbene Module (Stern unten) sowie zwölf fliederfarbene Module (Stern Mitte) nach der Anleitung auf Seite 6/7 falten. Aus jeweils zwölf Modulen zwei sechszackige Sterne kleben (siehe Abbildung 1 und 2).

2 Die Sterne umdrehen und die abstehenden Dreiecke auf den Zackenrückseiten mit Klebstoff und Klammern fixieren (siehe Abbildung 3).

3 Beim lilafarbenen Stern oben die beiden sechszackigen Sternhälften versetzt aufeinanderlegen und mit Klammern fixieren, wenn die richtige Position gefunden ist. Nun zwei Klammern entfernen, den Zacken hochklappen, Klebstoff auftragen, den Zacken zurückklappen und wieder mit Klammern sichern.

4 Die beiden Sternhälften können auch wie beim fliederfarbenen mittleren oder wie beim flieder- und lilafarbenen Stern unten mit den Zacken aufeinandergeklebt werden, sodass ein sechszackiger Stern entsteht.

Kleine Aurelio-Sterne

→ aus sieben Modulen

MOTIVDURCHMESSER
ca. 10 cm

MATERIAL
PRO STERN

- 7 Faltblätter mit goldenen Sternen in Rot oder Weiß, 10 cm x 10 cm
- Wäscheklammern

1 Gemäß der Anleitung auf Seite 6/7 sieben Aurelio-Module anfertigen.

2 Ein Klebedreieck von einem Modul auf der Rückseite mit Klebstoff bestreichen und in den Schlitz des zweiten Moduls stecken. Beide Module zusammenklappen, sodass beide Module direkt aufeinanderliegen. Das Klebedreieck des zweiten Moduls in den Schlitz des ersten Moduls kleben. Die untere Hälfte der beiden Module ist noch frei.

3 An die untere Hälfte von einem Modul wird das dritte Modul Rücken an Rücken angelegt und die Klebedreiecke jeweils ineinandergesteckt und -geklebt. Alle weiteren Module ebenso befestigen.

Variations-Tipp

Auf dem Foto sind es sieben Module pro Stern, man kann jedoch auch Sterne aus fünf oder sechs Modulen fertigen.

Florentiner Kugelsterne

→ **schmücken den Weihnachtsbaum**

MOTIVDURCHMESSER
großer Stern ca. 13 cm
kleiner Stern ca. 8 cm

MATERIAL
PRO KLEINER KUGELSTERN
- 8 Crushpaper in Rot-Gold, 15 cm x 15 cm
- Lurexkordel in Gold, ø 1 mm oder 2 mm, ca. 40 cm lang
- durchgebohrte Rohholzkugel

GROSSER KUGELSTERN
- 20 Crushpaper in Rot-Gold, 15 cm x 15 cm
- Lurexkordel in Gold, ø 1 mm oder 2 mm, ca. 40 cm lang
- durchgebohrte Rohholzkugel

VORLAGE SEITE 92

Die Sterne bestehen aus mehreren identischen Modulen. Dazu eine quadratische Schablone, 5 cm x 5 cm, fertigen. Mit Bleistift und Lineal die beiden Diagonalen einzeichnen. Diese schneiden sich im Mittelpunkt (Zeichnung 1). Dort mit dem Zirkel einstechen und den Abstand zu einer der vier Ecken einstellen. Dies ist der Radius für die Kreisscheiben. Mit dem Zirkel für den kleinen Kugelstern acht Kreise mit diesem Radius auf das Crushpaper zeichnen und die Kreise ausschneiden. Nun die Quadratschablone auflegen und den Umriss der Schablone mit dem Cutter leicht nachritzen (Zeichnung 2). Die vier halbrunden Randstreifen umfalten und wieder zurückklappen (Zeichnung 3). Das Papier wenden und die vier Ecken mit diagonalen, leicht angeritzten Linien verbinden (Strichpunktlinien), falten und eine dieser Linien in Pfeilrichtung bis zum Mittelpunkt einschneiden (Zeichnung 4). Einen Randstreifen direkt neben dem Einschnitt abschneiden (Zeichnung 5). Das Dreieck, neben dem der Randstreifen abgeschnitten wurde, in Pfeilrichtung unter das benachbarte Dreieck schieben und ankleben (Zeichnung 6). Und fertig ist das Modul bzw. eine dreieckige Pyramide mit drei nach oben geklappten Randstreifen.

Kleiner Kugelstern

Für ihn werden acht Module benötigt. Einen Randstreifen von einem Modul mit Klebstoff bestreichen und an den Randstreifen eines zweiten Moduls kleben. Zwei weitere Module auf diese Weise ankleben und das vierte Modul mit dem ersten verbinden. Es entsteht eine Rosette. An die vier freien Randstreifen der Rosette jeweils ein Modul kleben. Anschließend diese vier Module miteinander verbinden. Bevor die beiden letzten Module miteinander verbunden werden, eine aufgefädelte Holzkugel als Aufhängung einlegen.

Großer Kugelstern

Er wird aus zwanzig Modulen gefertigt. Die Arbeitsschritte sind identisch mit denen der Christbaumkugel (siehe Seite 8). Die Arbeitsschritte sind dort mit Arbeitsschrittfotos illustriert.

MOTIVDURCHMESSER
ca. 13 cm

**MATERIAL
PRO STERN**

◆ Strohseide in Schwarz oder Weiß mit Orna-
menten, 4 Streifen: 2 cm breit, 60 cm lang
◆ evtl. Feile
◆ evtl. Pinzette

VORLAGE SEITE 84/85

Fröbelsterne

→ in Schwarz und Weiß

Die Fröbelsterne mithilfe der Anleitung auf Seite 9 und den Zeichnungen auf Seite 84/85 anfertigen. Die schwierigsten Stellen – die Außen- und Innenzacken – werden hier in Wort und Bild noch einmal näher erläutert.

Außenzacken falten

Am besten erst auf einer Seite die Außenzacken fertigen (Zeichnungen 7 bis 16), den Stern dann wenden und auf der anderen Seite die Außenzacken ebenso fertigen, bevor die plastischen tütenförmigen Innenzacken (Zeichnungen 17 bis 23) gearbeitet werden. Mit folgenden Handgriffen gelingen der erste und der letzte Außenzacken garantiert:

1 Der nach unten geklappte Papierstreifen soll durch die weiße Lasche, die gerade verdeckt ist, geschoben werden (entspricht Zeichnung 10 auf Seite 84).

2 Dies gelingt, indem der rote Zacken mit den Fingerspitzen der linken Hand nach unten gedrückt wird.

3 Der Schlitz ist jetzt frei und das rote Streifenende kann in einem Bogen durchgesteckt und durchgezogen werden.

4 Sind sämtliche acht Zacken – also vier auf jeder Seite – gefaltet, sind nur vier sichtbar, die anderen vier auf der Rückseite werden von den daraufliegenden Streifenenden verdeckt.

Innenzacken falten

1 Am schwierigsten ist das Arbeiten der plastischen Innenzacken (Zeichnungen 17 bis 23 auf Seite 85), denn beim Durchstecken stößt das abgeschrägte Streifenende im Sterninneren oft in eine quer verlaufende Faltung und kann deshalb nicht durchgesteckt werden. Abhilfe schafft z. B. eine Nagelfeile, die so weit in den (hier roten) Zackenschlitz gesteckt wird, dass die Feilenspitze sichtbar ist, nachdem der (hier rote) Papierstreifen nach oben geklappt wurde.

2 Den (hier weißen) Papierstreifen nach links außen drehen. Dann am besten mit einer Pinzette kurz unterhalb der Spitze fassen und so in den Schlitz stecken, dass er auf der Feile durchrutscht. Die Feile entfernen und den Streifen anziehen, bis sich die tütenförmige Innenspitze bildet.

Hinweis: Auf dem Titelbild sehen Sie eine Variante in Orange.

Modern in Lila

→ *schlicht, aber wirkungsvoll*

MOTIVDURCHMESSER
ca. 10 cm, 12 cm und 14 cm

**MATERIAL
PRO STERN**
◆ Crushpaper in Flieder oder Lila sowie Struktur-
   karton in Flieder, 2 x 11 cm x 11 cm,
   2 x 13 cm x 13 cm oder 2 x 15 cm x 15 cm

VORLAGENBOGEN B

1 Von der Vorlage eine Schablone anfertigen. Die Konturen mit Bleistift auf
das Papier übertragen und ausschneiden. Nun mit Cutter und Lineal die gestri-
chelten Linien leicht anritzen. Dort, wo die Zacke fehlt, an der Pfeilmarkierung
mit der Schere bis zur Sternmitte einschneiden.

2 Die Sternform wenden und entlang der Strichpunktlinien (siehe Vorlage),
die die Zacken abgrenzen, ebenfalls leicht anritzen. Die angeritzten Linien fal-
ten. Das zackenlose Dreieck mit Klebstoff bestreichen und unter das benach-
barte Dreieck mit Zacken schieben. Jetzt ist eine Sternhälfte fertig.

3 Die andere Sternhälfte mit dem zweiten Papierquadrat ebenso arbeiten.
Beide Sternhälften versetzt aufeinanderkleben.

Variations-Tipp

**Sie können die beiden Sternhälften auch direkt
aufeinanderkleben und erhalten damit einen sie-
benzackigen Stern.**

Strahlend schön

→ mit 20 Zacken

MOTIVDURCHMESSER
ca. 26 cm

MATERIAL
◆ Bogen Musterkarton in Gold, einseitig bedruckt, 70 cm x 50 cm
◆ Stahllineal
◆ Streichholz oder durchgebohrte Holzkugel

VORLAGENBOGEN A

1 Die Vorlagen fotokopieren, auf dünnen Karton kleben und exakt ausschneiden. Zum Mittelteil eine der drei Zackenschablonen auswählen. Den Umriss des Mittelteils einmal, den der Zacke 20 Mal mit Bleistift auf die weiße Rückseite des goldenen Kartons übertragen. Die Motivteile am besten mit Cutter und Stahllineal ausschneiden.

2 Die ausgeschnittenen Motivteile wenden, sodass die goldene Seite oben liegt. Die gestrichelten Linien mit Cutter und Stahllineal leicht anritzen und nach hinten falten.

3 Nun wird das Mittelteil zusammengeklebt. Dazu den schmalen Randstreifen vom Dreieck B mit Klebstoff bestreichen und an Dreieck A kleben. Dann Dreieck C an Dreieck B kleben. Auf der gegenüberliegenden Seite Dreieck 1 an Dreieck 2 und Dreieck 2 an Dreieck 3 kleben. Dreieck 4 und 5 ebenfalls ankleben. Auf der gegenüberliegenden Seite Dreieck D und E ankleben. Nun Dreieck E an A und Dreieck 5 and 1 ankleben.

4 Als nächstes die Zacken zusammenkleben. Dazu beim gefalteten Motivteil den langen schmalen Randstreifen mit Klebstoff bestreichen und den Zacken zusammenkleben. Bei einem Zacken den Aufhängefaden vor dem Zusammenkleben einlegen. Damit der Faden nicht durchgezogen wird, an das untere Fadenende eine kleine Holzkugel oder ein Streichholzstück binden. Die drei schmalen Klebestreifen an der Zackenbasis nach innen klappen.

5 Zuletzt die Zacken auf das Mittelteil kleben.

Variations-Tipp

Hier links sehen Sie einen weißen Stern mit etwas kürzeren Zacken.

MOTIVDURCHMESSER
ca. 39 cm

MATERIAL

- Tonkarton in Dunkelrot, 50 cm x 70 cm
- Rolle Transparentpapier extra stark mit orientalischem Dekor
- UHU Alleskleber Extrakraft

VORLAGENBOGEN A

Orientalisch
→ wie in 1001 Nacht

1 Jeweils eine Schablone aus Karton für das Zackenteil und für das Transparentpapier anfertigen. Die Konturen der Zackenschablone sechs Mal auf den roten Karton übertragen. Damit später die angeritzten Linien (Strichpunktlinien) exakt gezogen werden können, in die Eckpunkte mit einer Vorstechnadel einstechen. Die Faltlinien (Strichpunktlinien) zwischen den Einstichen mit Lineal und Cutter leicht anritzen. Nun das Zackenteil ausschneiden. Die Innenflächen noch nicht herausschneiden, da die schmalen Stege sich sonst sehr schwer in der Mitte falten lassen.

2 Das Zackenteil an den Strichpunktlinien falten und wieder öffnen. Nun die Innenflächen mit dem Cutter herausschneiden. Das Zackenteil wenden und die gestrichelten Linien anritzen, falten und wieder öffnen (siehe Abbildung 1). Den Umriss der Innenflächen zwölf Mal mithilfe der Schablone auf das Transparentpapier übertragen und ausschneiden. Je zwei Innenflächen mit Alleskleber Extrakraft auf die Rückseite der Zacken kleben (siehe Abbildung 2).

3 Danach den Zacken so falten, dass er wie eine Pfeilspitze aussieht. Den schmalen Längsstreifen am Zackenrand mit Alleskleber kraft bestreichen und den Zacken zusammenkleben (siehe Abbildung 3).

4 Um zwei der flachen Zacken zusammen- bzw. aufeinanderzukleben, jeweils eine Klebefläche an der Zackenbasis (durch gestrichelte Linie abgegrenzt) mit Klebstoff bestreichen. Die Zacken exakt aufeinanderlegen und zusammendrücken (siehe Abbildung 4).

5 Alle übrigen Zacken auf diese Weise zusammen- bzw. aufeinanderkleben und den Stern anschließend entfalten und an der letzten Klebefläche schließen.

MOTIVDURCHMESSER
ca. 18 cm

MATERIAL
FÜR ALLE STERNE
◆ vier Wäscheklammern

PRO KLEINER STERN
◆ 12 Crushpaperstreifen in Rot-Gold,
je 1 cm breit, 19 cm lang

GROSSER STERN
◆ 20 Crushpaperstreifen in Rot-Gold,
je 1 cm breit, 4 x 18 cm, 8 x 24 cm und
8 x 20 cm lang

Flechtsterne
→ filigran

Kleiner Stern

1 Zwei Papierstreifen im rechten Winkel aufeinanderkleben. Um den Mittelpunkt der Streifen zu ermitteln, die Papierstreifen in der Mitte falten und wieder öffnen. Links und rechts vom senkrechten Papierstreifen jeweils einen Streifen auf den waagerechten kleben (siehe Abbildung 1). Darauf achten, dass zwischen den Papierstreifen etwa 1 mm Abstand bleibt.

2 Oberhalb und unterhalb des waagerechten Papierstreifens jeweils einen Papierstreifen einflechten (siehe Abbildung 2). Die Stellen, an denen ein Papierstreifen auf dem anderen liegt, jeweils mit etwas Klebstoff fixieren.

3 Von dem dreistreifigen Kreuz jeweils einen senkrechten und einen waagerechten Streifen nehmen, die Rückseite der Enden nach oben umklappen, aufeinanderkleben und mit einer Klammer fixieren (siehe Abbildung 3). Diesen Schritt an den drei anderen Ecken wiederholen. Fertig ist eine Sternhälfte.

4 Nochmals denselben Stern fertigen. Den zweiten Stern wenden und den ersten Stern versetzt auf den zweiten Stern legen. Die Mittelstreifen des oberen Sterns liegen auf den Bögen des unteren Sterns und werden dort aufgeklebt (siehe Abbildung 4a und 4b). Diesen Vorgang auf der anderen Sternseite wiederholen. Zum Schluss die überstehenden Enden an den Sternspitzen abschneiden.

Großer Stern

Er wird aus 2 x 10 Streifen gearbeitet. Die Streifen für eine Sternhälfte werden jeweils waagerecht und senkrecht wie folgt angeordnet und verflochten: 18 cm – 24 cm – 20 cm – 24 cm – 18 cm. Anstelle von 2 x 6 gleich langen Papierstreifen (siehe Kleiner Stern), werden hier 2 x 10 unterschiedlich lange Papierstreifen miteinander verflochten und geklebt.

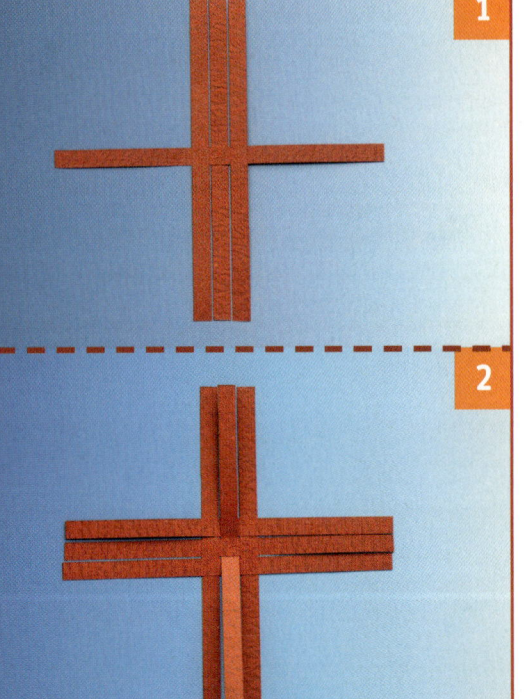

Faltsterne

→ für den perfekten Sternenhimmel

MOTIVDURCHMESSER
ca. 52 cm

MATERIAL
◆ 7 Musterkartons in Rot, A4
◆ 7 Musterkartons in Orange, A4
◆ Motivlocher: Stern
◆ Transparent- oder Seidenpapier in Gelb, A4
◆ evtl. Miniklammern
◆ evtl. Beleuchtungselement

VORLAGENBOGEN A

1 Vor dem Zuschnitt muss man sich für eine der zwei Möglichkeiten, die Sternzacken zusammenzukleben, entscheiden: 1. Die schmalen Klebestreifen sind beim ersten und siebten Zacken sichtbar auf der Sternaußenseite, da man leichter an die Klebestellen kommt und diese auch zum Trocknen mit Miniklammern fixieren kann. 2. Die Klebestreifen sind nicht sichtbar, jedoch lässt sich der letzte Zacken nicht so leicht ankleben (siehe Punkt 2 Seite 17). Für den orangefarbenen Stern wurde die nicht sichtbare Verklebung gewählt, für den roten Stern wurde die sichtbare Verklebung beim ersten und beim siebten Zacken verwendet.

2 Die Zackenvorlage fotokopieren, auf Karton kleben und ausschneiden. Den Umriss der Schablone für die nicht sichtbare Verklebung sieben Mal auf das orangefarbene Papier übertragen und ausschneiden (Klebestreifen sind nicht sichtbar). Soll der Stern beleuchtet werden, die nicht sichtbare Zackenvorlage fünf Mal und die sichtbare Zackenvorlage zwei Mal übertragen. Die Zacken ausschneiden und an den gestrichelten Linien mit einem Lineal und Cutter leicht anritzen und falten. Die Zacken wenden, die Strichpunktlinien anritzen und falten. Die schmalen Randstreifen sind die Klebestreifen.

3 Wenn mit einem Motivlocher Öffnungen ausgestanzt werden sollen, den Zacken in der Mitte falten, die Position der Stanzöffnungen ausmessen und dann alle Zacken lochen. Die Zacken aufklappen und von innen mit Transparentpapier bekleben.

4 Den längsten Randstreifen aller sieben Zacken mit Klebstoff bestreichen und den Zacken zusammenkleben. Die Zacken beim Zusammenkleben so anordnen, dass sie jeweils eine Drachenform bilden und die kurzen breiten Spitzen nebeneinanderliegen. Nun gibt es zwei Möglichkeiten: Entweder sind die schmalen Randstreifen, die mit Klebstoff bestrichen werden, sichtbar (siehe Abbildung 1, rechter Zacken), d. h. sie werden auf den Nachbarzacken geklebt. Oder die Randstreifen werden unter den Nachbarzackenrand geschoben und dort angeklebt (siehe Abbildung 1, linker Zacken sowie Abbildung 2).

5 Soll der Stern beleuchtet werden, den ersten und siebten Zacken mit vier Rand- bzw. Klebestreifen (sichtbare Verklebung) wählen, das Beleuchtungselement einhängen und die Zacken ankleben. Dabei muss jeweils einer der vier Klebestreifen abgeschnitten werden. Welcher es ist, ergibt sich beim Anlegen an den Stern.

Igelsterne

→ dekorative Raumhänger

MOTIVDURCHMESSER
ca. 10 cm

**MATERIAL
FÜR ALLE STERNE**
- Crushpaper in Flieder-Gold,
  10 cm x 10 cm (je großer Einzel-
  stern) und 5 cm x 5 cm (je kleiner
  Einzelstern)
- Miniklammern
- dicker Stift

ANHÄNGER
- Kartonrechteck in Weiß,
  10 cm x 15 cm
- Kartonrest in Weiß
- Crushpaperrest in Flieder-Gold
- Lurexkordel in Gold, ø 1 mm oder
  2 mm, 40 cm lang

TISCHKARTE
- Kartonquadrat in Weiß,
  14 cm x 14 cm
- Kartonrest in Weiß
- Crushpaperrest in Flieder-Gold

VORLAGE SEITE 91

Einen Einzelstern fertigen

1 Die Vorlagen fotokopieren, auf Karton kleben und ausschneiden. Die Schablone auf das zweifarbige Papier legen, den Umriss mit Bleistift nachziehen und die Kreisscheibe ausschneiden. Die runde Schablone auf die ausgeschnittene Kreisscheibe legen und rundum acht Mal bis zur gestrichelten Linie einschneiden.

2 Aus acht Abschnitten zwischen den Einschnitten acht Zacken formen. Dazu die beiden äußeren Ecken eines Abschnitts in Pfeilrichtung nach oben klappen und zusammendrücken. Dadurch entsteht ein Knick in der Mitte des Abschnitts (gepunktete Linie). Nun die rechte Hälfte des Abschnitts zur Mitte hin einrollen und dann die linke Hälfte darüber. Den so entstandenen Zacken mit Klebstoff und Miniklammern fixieren. Die restlichen sieben Zacken ebenso arbeiten.

Sterne zusammenfügen

Zwei gleich große Einzelsterne entweder versetzt oder Rücken an Rücken aufeinanderkleben. Eventuell einen kleinen Einzelstern in die Mitte eines großen Einzelsterns kleben. Zusätzlich können noch flache Sterne ausgeschnitten und aufgeklebt werden.

Igelstern

Der Igelstern besteht aus acht Einzelsternen. Damit sich die Zacken in der Mitte aufwölben, die Einzelsterne rundum bis zum gestrichelten Innenkreis einschneiden. Zunächst zwei Einzelsterne versetzt aufeinanderkleben und trocknen lassen. Versetzt darauf den nächsten Stern und darauf den vierten Stern kleben. Mithilfe eines Stiftes den Stern in dieser Position trocknen lassen. Eine Sternhalbkugel aus vier Einzelsternen ist fertig. Für den großen Igelstern eine weitere Sternhalbkugel anfertigen und Rücken an Rücken versetzt aufeinanderkleben, nachdem zuvor der Aufhängefaden dazwischengelegt wurde. Um die beiden Sternhälften zusammenzupressen, in jede Sternhalbkugel einen dicken Stift mit dem Ende nach unten stecken und halten, bis der Klebstoff trocken ist.

Geschenkanhänger

Für den Anhänger ein weißes Kartonrechteck in der Mitte anritzen und zu einer Doppelkarte falten. Das Namensschild ausschneiden, auf ein größeres Stück des zweifarbigen Papiers kleben und zusammen mit einem kleinen Einzelstern und einem flachen Stern auf die Doppelkarte kleben. Zusätzlich noch zwei 3 mm breite fliederfarbene Papierstreifen aufkleben. Die Karte lochen, eine Lurexkordel durchziehen und die Enden verknoten.

Tischkarte

Das Kartonquadrat in der Mitte anritzen und zu einer Doppelkarte falten. Die Sterne, das Namensschild und die Papierstreifen aufkleben.

Sterne in Orange und Grün

→ nicht nur an Weihnachten schön

MOTIVDURCHMESSER
ca. 14 cm

**MATERIAL
PRO STERN**
- Transparentpapier mit Misteldesign in Orange oder Grün, je 2 x 10 cm x 10 cm
- evtl. Miniklammern
- UHU kraft Powerblock

VORLAGE SEITE 90

1 Das Papierquadrat auf der farbintensiven Seite zwei Mal diagonal anritzen, falten und wieder öffnen. Das Papier wenden und jeweils durch die Mitte eine waagerechte und senkrechte geritzte Linie ziehen, jeweils zur Hälfte falten und wieder öffnen. Diese beiden geritzten Linien an allen vier Seiten ca. 2,1 cm tief (siehe durchgezogene Linie in Zeichnung) einschneiden.

2 Die Spitzen neben den Einschnittstellen jeweils bis zur diagonalen Faltlinie (Strichpunktlinie) falten. Damit die Zacken plastisch werden, die beiden dreieckigen Flächen nur leicht übereinanderschieben, sonst wölben sich die Zacken zu stark und die beiden Vierersterne haben keine gemeinsame Auflagefläche mehr.

3 Die Klebestellen mit Miniklammern sichern. Einen zweiten Stern anfertigen und beide Vierersterne versetzt aufeinanderkleben. Dazu nur an der Zackenbasis etwas Alleskleber auftragen.

Bastel-Tipp

Beim Kleben von Transparentpapier eignet sich der Klebestift UHU kraft Powerblock am besten. Flüssigkleber sieht auf Transparentpapier auch bei sparsamem Gebrauch wie ein Fettfleck aus.

Stecksterne und -kugeln

→ **einfach oder aufwändig**

MOTIVDURCHMESSER
Sterne ca. 11 cm
Kugeln ca. 9 cm

**MATERIAL
PRO STERN/PRO KUGEL**
◆ Musterkarton mit Schneekristallen, A4
◆ Nylonfaden

VORLAGENBOGEN B

Die zwei bzw. vier Motivteile fotokopieren, auf Karton kleben und ausschneiden. Die Einschnitte in die Schablonen machen. Die Schablonen unterscheiden sich nur durch die unterschiedlich angeordneten Einschnitte.

Stern unten

Bei diesem Stern an jedem der beiden Teile zwei Einschnitte vornehmen, die beiden Teile ineinanderstecken und wie abgebildet in Form bringen. Den kleinen Stern in der Mitte doppelt ausarbeiten und aufeinanderkleben. Davor einen Nylonfaden einlegen, nach der Sternmitte hin ausrichten und den Faden einmal um den Sternrand führen und verknoten.

Stern oben und Kugeln

1   Dieser Stern/diese Kugeln bestehen aus vier Stern- bzw. Kugelteilen mit jeweils sechs Einschnitten. Beim Zusammenstecken muss eine bestimmte Reihenfolge der Motivteile eingehalten werden. Die einzelnen Teile werden dabei sehr stark gebogen und sollten möglichst nicht geknickt werden.

2   Diesen Stern/die Kugeln wie folgt stecken: Stern/Kugel 2 in 1, Stern/Kugel 3 in 2 und 1 (siehe Abbildungen links) und Stern/Kugel 4 in 3, 2 und 1.

Christbaumkugelsterne

→ jetzt wird es bunt

MOTIVDURCHMESSER
ca. 9 cm und 13 cm

MATERIAL
GROSSE KUGEL
- Scrapbooking-Papier mit Weihnachtsmotiven,
  A4, 20 Papierscheiben, ø 7 cm

KLEINE KUGEL
- Musterkarton mit Elchdesign, A4,
  8 Papierscheiben, ø 7 cm

VORLAGE SEITE 94

Papierscheiben anfertigen

Eine Dreieckschablone mit den Seitenlängen von 6 cm anfertigen. Mit einem Zirkel für die kleine Kugel acht und für die große Kugel 20 Kreise mit dem Radius 3,5 cm zeichnen. Die Kreise ausschneiden, die Dreieckschablone auflegen und die Konturen des Dreiecks mit dem Cutter leicht nachritzen. Wenn das Papier eine unterschiedliche Vorder- und Rückseite hat, die Dreieckschablone stets auf die Papierrückseite legen und das Papier bzw. den Karton anritzen. Die drei Randabschnitte nach oben klappen.

Große Kugel

Für das Zusammenkleben der großen Kugel die Anleitung und die Arbeitsschrittfotos auf Seite 8 beachten.

Kleine Kugel

Ausgehend von einer Papierscheibe drei weitere Papierscheiben ankleben. Eine Halbkugel ist fertig. Eine zweite Halbkugel fertigen und auf die erste kleben.

Anwendungs-Tipp

Mehrere dieser Kugelsterne mit Kerzen in einer Schale arrangiert sehen auch sehr stimmungsvoll aus. Wegen der Brandgefahr des Papiers die Kerzen nie unbeaufsichtigt brennen lassen.

GANZ NATÜRLICH

Für Liebhaber des dezenten Weihnachtsschmucks sind Sterne aus natürlichen Materialien wie Sperrholz, Stroh und Bastel-Span garantiert die richtige Wahl. Sie lassen sich zudem hervorragend mit anderen Werkstoffen kombinieren.

Mobile-Holzsterne
→ aus Sperrholz

1   Die Vorlage fotokopieren und auf dünnen Karton kleben. Mit dem Cutter auf einer Schneideunterlage die Innenflächen zwischen den Sternen herausschneiden. Die schmalen Stege (gestrichelte Linien) zwischen den Sternen nicht abschneiden! Sie erleichtern das Übertragen der Konturen auf das Sperrholz, da nur ein Teil festgehalten werden muss. Beim Auflegen der Schablone darauf achten, dass die Sternspitze, die später durchbohrt wird, in Richtung der Holzmaserung zeigt.

2   Die Konturen mit Bleistift nachziehen und mit einer Vorstechnadel die Position der Bohrlöcher durch die Schablone ins Sperrholz eindrücken. Damit die Innenflächen herausgesägt werden können, die Flächen zwischen den Sternen jeweils ein Mal durchbohren (ø 3 mm). Darauf achten, dass bis zu den Bleistiftlinien mehrere Millimeter Abstand bleibt, da das Holz auf der Rückseite am Bohrlochrand leicht ausfranst.

3   Die Bohrlöcher für die Fäden, an denen die Sternteile miteinander verbunden bzw. der Stern aufgehängt wird, ebenfalls bohren.

4   Da das Holz mit 6 mm relativ stark ist, eine elektrische Dekupiersäge statt einer Laubsäge verwenden. Das Sägeblatt auf einer Seite lösen und das freie Ende durch ein Bohrloch, ø 3 mm, stecken und wieder an der Säge fixieren. Nun die erste Innenfläche heraussägen. Das Sägeblatt wieder lösen, durch das nächste Bohrloch stecken, wieder fixieren und sägen usw. Am besten mit dem Zwischenraum um den Innenstern anfangen und dann nach außen hin sägen. Erst zum Schluss die äußere Kontur sägen.

5   Sobald alle Sternteile ausgesägt sind, die Kanten bei Unebenheiten feilen und mit Schleifpapier glätten. Dazu ein Stück Schleifpapier mehrfach um die Feile wickeln und die Kanten glätten. Evtl. alle Kanten der einzelnen Sternteile leicht abrunden.

6   Die Sterne mit mehreren Fäden auf- bzw. ineinanderhängen. Die Fadenenden kürzen und die Knoten in den Bohrlöchern verschwinden lassen.

MOTIVDURCHMESSER
ca. 21 cm

**MATERIAL
PRO STERN**
- Pappelsperrholz, 6 mm stark, 22 cm x 22 cm
- Bohrer, ø 1 mm und ø 3 mm
- Nylonfaden

VORLAGENBOGEN A

Filigran gesägt
→ als Fenster- oder Türschmuck

MOTIVDURCHMESSER
ca. 22,5 cm

MATERIAL
PRO STERN
◆ Pappelsperrholz, 6 mm stark, 25 cm x 25 cm
◆ Bohrer, ø 1 mm und 3 mm
◆ Nylonfaden

VORLAGENBOGEN A

1 Die Vorlage fotokopieren und auf dünnen Karton kleben. Mit dem Cutter auf einer Schneideunterlage die Innenflächen herausschneiden. Beim Auflegen der Schablone darauf achten, dass die Sternspitze, die später durchbohrt wird, in Richtung der Holzmaserung zeigt.

2 Damit die Innenflächen herausgesägt werden können, die Flächen zwischen den Sternen jeweils ein Mal durchbohren (ø 3 mm). Darauf achten, dass bis zu den Bleistiftlinien mehrere Millimeter Abstand sind, da das Holz auf der Rückseite am Bohrlochrand leicht ausfranst. Für die Aufhängung ein Loch (ø 1 mm) bohren.

3 Da das Holz mit 6 mm relativ stark ist, eine elektrische Dekupiersäge statt einer Laubsäge verwenden. Das Sägeblatt auf einer Seite lösen und das freie Ende durch ein Bohrloch, ø 3 mm, stecken und wieder an der Säge fixieren. Nun die erste Innenfläche heraussägen. Das Sägeblatt wieder lösen, durch das nächste Bohrloch stecken, wieder fixieren und sägen usw.

4 Sobald alle Sternteile ausgesägt sind, die Kanten bei Unebenheiten feilen und mit Schleifpapier glätten. Dazu ein Stück Schleifpapier mehrfach um die Feile wickeln und die Kanten glätten. Evtl. alle Kanten der einzelnen Sternteile leicht abrunden.

Bastel-Tipp

Damit die Bohrlöcher auf der Rückseite nicht ausfransen, zum Bohren am besten ein sog. Mini-Tool, z. B. Dremel verwenden. Diese elektrischen Kleinwerkzeuge haben austauschbare Bohr-, Fräse- und Schleifeinsätze. Die Geschwindigkeit lässt sich stufenlos einstellen und ist erheblich höher als bei herkömmlichen Bohrmaschinen oder Akkuschraubern.

Baumanhänger

→ für einen rustikalen Weihnachtsbaum

MOTIVHÖHE
ca. 10 cm

MATERIAL
- Pappelsperrholz, 4 mm stark, 22 cm x 22 cm
- Bohrer, ø 3 mm und 1 mm
- Nylonfaden

VORLAGENBOGEN A

1 Die Vorlage fotokopieren und auf dünnen Karton kleben. Mit dem Cutter auf einer Schneideunterlage die Innenflächen herausschneiden. Beim Auflegen der Schablone darauf achten, dass die Spitze, die später durchbohrt wird, in Richtung der Holzmaserung zeigt.

2 Damit die Innenflächen herausgesägt werden können, die Flächen jeweils ein Mal durchbohren. Darauf achten, dass bis zu den Bleistiftlinien mehrere Millimeter Abstand sind, da das Holz auf der Rückseite am Bohrlochrand leicht ausfranst. Für die Aufhängung ein Loch (ø 1 mm) bohren.

3 Das Sägeblatt auf einer Seite lösen und das freie Ende durch ein Bohrloch, ø 3 mm, stecken und wieder an der Säge fixieren. Nun die erste Innenfläche heraussägen. Das Sägeblatt wieder lösen, durch das nächste Bohrloch stecken, wieder fixieren und sägen usw.

Bastel-Tipp

Damit die Sterne einen warmen Holzton bekommen, können Sie sie einölen. Dazu einfach Sonnenblumen-, Raps- oder Olivenöl mit einem Haushaltstuch, Lappen oder Pinsel auftragen, kurz einwirken lassen und dann das überschüssige Öl mit einem Küchentuch abtupfen. Den Stern ein bis zwei Tage liegen lassen, danach ist das Öl eingezogen. Der Stern ist nicht mehr fettig und hat einen leichten Gelbton, der mit der Zeit nachdunkelt.

Weihnachtlicher Schmuck

→ aus Spanröllchen

MOTIVDURCHMESSER
ca. 5 cm, 6 cm, 7 cm und 9 cm

MATERIAL
- 26 Bastelspanröllchen, 1 cm hoch, ø 7 mm
- 53 Bastelspan-Doppelröllchen, 1 cm hoch, ø 16 mm
- Malglitter in Gold und Kupfer

1 Für die Sterne werden überwiegend Doppelröllchen verwendet. Dazu nach dem Abwickeln und Zuschneiden des Spanstreifens beide Enden gleichmäßig zur Mitte hin aufrollen, sodass beide Röllchen gleich aussehen. Zusätzlich werden noch komplett aufgerollte Spanröllchen verwendet.

2 Für den kleinsten und einfachsten Stern (rechts unten) werden sechs Doppelröllchen benötigt, die so angeordnet werden, dass der Bogen nach innen zur Mitte zeigt. Die Doppelröllchen zu einem Ring zusammenkleben. Abschließend an jedes Doppelröllchen außen jeweils ein komplett aufgerolltes Spanröllchen kleben.

3 Beim Windmühlenstern (Mitte) rund um ein komplett aufgerolltes Spanröllchen vier Doppelröllchen mit dem Bogen zur Mitte ankleben. Nun ringsum als Zacken jeweils zwei Doppelröllchen anbringen. Die anderen Spansterne wie abgebildet arbeiten.

4 Zum Schluss auf die Röllchenränder Malglitter in Gold und Kupfer direkt aus der Flasche oder mit dem Pinsel auftragen.

Spar-Tipp

Sie können diese Sterne auch aus Tonpapier arbeiten. Das ist billiger, in vielen Farben erhältlich und lässt sich sehr einfach verarbeiten.

MOTIVDURCHMESSER
ca. 12 cm, 15 cm und 16 cm

MATERIAL
FÜR ALLE STERNE

- Fotokartonrest
- Wäscheklammern
- Wassergefäß
- Malglitter in Gold und Kupfer

GROSSER STERN

- 21 Bastelspanstreifen, 2 cm breit, 12 cm lang, und Rest (Kartonkreis bekleben)

GROSSER STERN UNTEN

- 16 Bastelspanstreifen, 2 cm breit, 12 cm lang, und Rest (Kartonkreis bekleben)

MITTLERER STERN

- 14 Bastelspanstreifen, 2 cm breit, 12 cm lang, und Rest (Kartonkreis bekleben)

KLEINER STERN

- 7 Bastelspanstreifen, 2 cm breit, 12 cm lang, und Rest (Kartonkreis bekleben)

VORLAGE SEITE 87

Spansterne

→ *ganz natürlich*

1 Auf den Kartonrest mit dem Zirkel einen Kreis mit ø 5 cm zeichnen, ausschneiden, mit Alleskleber kraft bestreichen, die Spanreste auflegen und den Umriss mit der Schere nachschneiden. Die Rückseite des Kartons ebenso gestalten. Auf diesem Kreis werden später die Spantüten angeordnet und aufgeklebt (siehe Abbildung 2).

2 Für die Spanstreifen eine Schablone anfertigen und vom Spanband 12 cm lange Stücke abschneiden. Dazu die Schablone auf das Spanband legen und die 12 cm langen Stücke mit abgeschrägten Enden schneiden. Sobald ein Stück abgeschnitten ist, die Schablone wenden, wieder auflegen, abschneiden usw.

3 Damit der Span nicht bricht und sich gleichmäßig biegen und formen lässt, das Spanstück nur in der Mitte mit der Fingerspitze etwas mit Wasser anfeuchten. Die Tüte formen, wieder öffnen, etwas Alleskleber kraft auftragen, die Tüte erneut formen und zusammenkleben (siehe Abbildung 1). Während des Trocknens mit Wäscheklammern fixieren. Mit der Schere die seitlichen Überstände entfernen.

4 Auf der beklebten Kartonscheibe den Mittelpunkt markieren und die Tüten anordnen. Bei drei Sternen werden alle Tüten mit der gebogenen Seite nach innen gelegt. Die Tüten können ineinandergeklebt oder nebeneinandergelegt werden. Auch kann eine Kartonscheibe auf der Vorder- und Rückseite versetzt mit Tüten beklebt werden. Beim großen Stern unten werden vier Spantüten mit den Spitzen nach innen auf die Kartonscheibe geklebt und dazwischen immer wieder drei ineinandergeklebte Tüten ergänzt.

5 Zuletzt alle Sterne mit Malglitter in Gold und Kupfer bemalen.

57

Strohsterne

→ *ganz klassisch*

MOTIVDURCHMESSER
ca. 13 cm, 15 cm und 18 cm

MATERIAL
FÜR ALLE STERNE
◆ Strohstern-Legeform, ø 4,5 cm, mit zwölf Zapfen

ROTER STERN
◆ 12 Strohstreifen in Rot (Zackenstern)
◆ 6 Strohstreifen in Rot (Innenstern)
◆ Garn in Schwarz, 50 cm lang

KLEINER ZACKENSTERN
◆ 12 Strohstreifen in Natur, 10 cm lang (Zacken-stern)
◆ 6 Strohstreifen in Rot, 15 cm lang (Innenstern)
◆ Garn in Rot, 50 cm lang

GROSSER ZACKENSTERN
◆ 12 Strohstreifen in Natur, 19 cm lang (Innenzacken)
◆ 12 Strohstreifen in Rot, 12 cm lang (Zackenstern)
◆ Garn in Rot, 50 cm lang

VORLAGE SEITE 93

Alle Sterne werden mit derselben Strohstern-Legeform angefertigt. Die Stroh-halme werden zuvor durch die Mitte der Legeform gesteckt bzw. gezogen und so in dünne Strohstreifen gespalten. Diese Strohstreifen nach Anleitung auf der Legeform anordnen. Den so entstandenen Stern jeweils an den Kreuzungs-punkten der Halme binden.

Roter Stern

Zwölf Strohstreifen wie auf den drei Zeichnungen abgebildet auf der Legeform anordnen. Den ersten Streifen so auflegen, dass drei Zapfen der Legeform frei bleiben. Im Uhrzeigersinn den zweiten Streifen jeweils um eine Lücke nach rechts verschieben. Auch hier bleiben drei Zapfen frei. Nun den Plastikring aufstecken, damit die Strohstreifen nicht herausfallen oder verrutschen. Den Stern jeweils an den markierten Kreuzungspunkten der Streifen mit schwarzem Garn umschlingen und mit einem Knoten schließen. Den Plastik-ring abnehmen und die restlichen sechs Strohstreifen durch die Sternmitte und von Zackenspitze zu Zackenspitze auflegen. Den Plastikring wieder aufste-cken. Die Steckform wenden und jeden Zacken an der Spitze binden. Einen Klebstoffpunkt auftupfen und die Garnenden kürzen. Die Halmenden wie auf dem Foto abgebildet zuschneiden.

Kleiner Zackenstern

Die naturfarbenen Strohstreifen rundum so auf der Legeform anordnen, dass auf einer Seite stets vier Zapfen frei bleiben. Anschließend die roten Streifen so auflegen, dass sie sich in der Sternmitte kreuzen und zwischen den Zacken des naturfarbenen Sterns verlaufen. Den Plastikring aufstecken und den inne-ren Ring binden. Den Stern wenden und die naturfarbenen Sternzackenspitzen binden. Etwas Klebstoff zum Fixieren auftupfen und Garn und Strohstreifen kürzen.

Großer Zackenstern

Die naturfarbenen Strohstreifen rundum so auf der Legeform anordnen, dass auf einer Seite stets fünf Zapfen frei bleiben. Anschließend die roten Stroh-streifen so auflegen, dass stets drei Zapfen frei bleiben. Den Plastikring aufste-cken und den inneren Ring binden. Den Stern wenden und die naturfarbenen und die roten Sternzackenspitzen binden. Etwas Klebstoff zum Fixieren auf-tupfen und Garn und Strohstreifen kürzen.

GLANZ UND GLORIA

Perlen, Bastel-Alufolie & Co. haben hier ihren glänzenden Auftritt. Als Baumanhänger,
auf einer Tischkarte oder ganz einfach als Tafelschmuck – diese Schmuckstücke fallen
überall auf.

Perlensterne

→ sehr glamourös

Linker Stern

1 Für den Innenkreis 12 kleine weiße Perlen auffädeln (Zeichnung 1). Die geriffelte Perle auffädeln und den Draht auf der gegenüberliegenden Seite um den Draht schlingen, erneut durch die Perle ziehen und um den Draht schlingen (Zeichnung 2 und 3).

2 Den Draht durch eine große blaue Perle ziehen und den ersten Zacken von links nach rechts arbeiten (Zeichnung 4). Den Draht durch zwei Perlen des Innenkreises ziehen und den zweiten Zacken ebenso von links nach rechts arbeiten (Zeichnung 5 und 6). Am Schluss das Drahtende verknoten und durch einige Perlen zurückfädeln.

Rechter Stern

1 Abwechselnd zwei weiße Perlen, ø 4 mm, und zwei blaue ovale Perlen zu einem Ring auffädeln und den Viererring schließen, indem der Draht erneut durch die erste Perle gezogen wird (Zeichnung 1). Eine weiße Perle auffädeln und wieder einen Viererring arbeiten (Zeichnung 2 und 3).

2 Nachdem der Innenkreis gearbeitet ist, den Draht durch den ersten Viererring fädeln und die Zacken wie oben beschrieben bilden (Zeichnung 4 und 5).

Großer Stern

1 Auf den Innenring abwechselnd sechs kleine blaue Perlen und sechs große Silberperlen auffädeln. Den Ring schließen (Zeichnung 1). Eine große Silberperle auffädeln, den Draht durch eine große Perle des Innenrings ziehen. Diesen Schritt fortsetzen, bis rundum sechs Perlen angebracht sind (Zeichnung 2 und 3).

2 Den ersten Innenzacken fertigen und weitere fünf Innenzacken arbeiten (Zeichnung 4 und 5). Den ersten Außenzacken und weitere fünf Außenzacken arbeiten (Zeichnung 6 und 7). Zuletzt die Querstreben der Zacken arbeiten (Zeichnung 8) und schließlich den Draht verknoten und durch einige Perlen zurückfädeln.

MOTIVDURCHMESSER
ca. 7,5 cm, 8 cm und 13 cm

MATERIAL
LINKER STERN
- 6 Wachsperlen in Blau, ø 6 mm
- 12 Wachsperlen in Blau, ø 4 mm
- Wachsperle in Weiß, geriffelt, ø 8 mm
- 6 Wachsperlen in Weiß, ø 5 mm
- 36 Wachsperlen in Weiß, ø 3 mm
- 24 Wachsperlen in Weiß, oval, ø 8 mm x 4 mm
- Silberdraht, ø 0,3 mm, 1 m lang

RECHTER STERN
- 12 Wachsperlen in Dunkelblau, ø 3 mm
- 12 Wachsperlen in Dunkelblau, oval, 6 mm x 3 mm
- 30 Wachsperlen in Weiß, ø 4 mm
- 24 Wachstropfen in Weiß, 8 mm x 4 mm
- Silberdraht, ø 0,3 mm, 1 m lang

GROSSER STERN
- 78 Wachsperlen in Dunkelblau, ø 3 mm
- 18 Wachsperlen in Silber, ø 6 mm
- 12 Wachsperlen in Silber, ø 3 mm
- 12 Glasstifte in Silber, gedreht, ø 4 mm, 2 cm lang
- 18 Glasstifte in Silber, gedreht, ø 4 mm, 1,2 cm lang
- Silberdraht, ø 0,3 mm, 1,50 m lang

VORLAGE SEITE 86/87

Perlen auf Drahtstern

→ gesteckt und gefädelt

MOTIVDURCHMESSER
ca. 6,5 cm, 9 cm und 11 cm

MATERIAL
KLEINER STERN
◆ Drahtstern, ø 10 cm
◆ 2 Filigrankappeln in Gold, ø 6 mm
◆ 8 Perlen in Gold, ø 6 mm
◆ 16 Perlen in Gold, ø 3 mm
◆ 8 Wachsperlen in Weinrot, ø 6 mm
◆ 16 Wachsperlen in Weinrot, oval, 6 mm x 3 mm
◆ Seitenschneider

MITTLERER STERN OBEN
◆ Drahtstern, ø 15 cm
◆ 2 Pailletten in Gold, gewölbt, ø 6 mm
◆ 16 Filigrankappeln in Gold, ø 6 mm
◆ 88 Perlen in Gold, ø 3 mm
◆ 16 Wachsperlen in Weinrot, ø 6 mm
◆ 10 Wachsperlen in Weinrot, ø 3 mm
◆ 8 Wachsperlen in Weinrot, oval, 6 mm x 3 mm
◆ 8 Rillenperlen in Gold, 10 mm x 8 mm
◆ 16 Rocailles in Gold, ø 2,2 mm
◆ 8 Glasstifte in Gold, gedreht, 1,2 cm lang
◆ Messingdraht, ø 0,3 mm, 10 cm, 30 cm und 50 cm lang
◆ Seitenschneider

GROSSER STERN UNTEN
◆ Drahtstern, ø 15 cm
◆ 10 Filigrankappeln in Gold, ø 6 mm
◆ 88 Perlen in Gold, ø 3 mm
◆ 8 Wachsperlen in Weinrot, ø 6 mm
◆ 24 Wachsperlen in Weinrot, ø 3 mm
◆ 24 Wachsperlen in Weinrot, oval, 6 mm x 3 mm
◆ 8 Rillenperlen in Gold, 10 mm x 8 mm
◆ 32 Rocailles in Gold, ø 2,2 mm
◆ 8 Glasstifte in Gold, gedreht, 1,2 cm lang
◆ Messingdraht, ø 0,3 mm, 30 cm und 50 lang
◆ Seitenschneider

1 Die Perlen wie abgebildet auf die Drahtsterne aufstecken. Die überstehenden Enden des Drahtsterns mit dem Seitenschneider direkt nach der letzten aufgesteckten Perle abschneiden, diese Perle abstreifen, etwas Alleskleber kraft auftragen und die Perle wieder aufstecken. In der Mitte des Sterns auf der Vorder- und Rückseite eine Filigrankappel aufkleben. Der kleine Stern ist nun fertig.

2 Bei den beiden größeren Sternen zunächst den kürzeren Messingdraht (innerer Ring) um den Drahtstern wickeln und Rocailles und ovale Wachsperlen bzw. Glasstifte auffädeln. Anschließend den zweiten Draht anbringen und die Gold- und Wachsperlen auffädeln. Anstatt zweier Drähte kann auch ein 80 cm langer Draht für beide Ringe verwendet werden. Dazu nach Fertigstellung des inneren Rings das Drahtende durch eine Kappel und eine große weinrote Wachsperle des Drahtsterns nach oben fädeln und den zweiten Ring arbeiten. Wenn der zweite Ring geschlossen ist, den Messingdraht ein paar Mal um den Drahtstern wickeln und durch einige Perlen gefädelt auslaufen lassen. Den Rest mit einem Seitenschneider abknipsen.

3 Zum Schluss jeweils eine Kappel in die Sternmitte auf Vorder- und Rückseite kleben. Beim mittleren Stern auf ein 10 cm langes Messingdrahtstück eine kleine rote Perle fädeln, beide Drahtenden durch eine Paillette führen und diese auf die Sternmitte setzen. Den Stern wenden und auf dieser Seite den Vorgang mit dem gleichen Draht wiederholen. Den Draht an der Sternbasis umwickeln und den Rest mit einem Seitenschneider abknipsen.

MOTIVDURCHMESSER
ca. 9 cm, 10 cm und 11 cm

MATERIAL
FÜR ALLE STERNE
- Tacker
- Metalldrückwerkzeug mit kleiner und großer Kugel
- UHU por (Plastikstrasssteine aufkleben)

SILBERNE STERNE
- Alu-Prägefolie in Silber, glatt, 0,15 mm stark, A4
- Alu-Prägefolie in Silber, Grobkornprägung, A4
- 26 Pailletten in Silber, gewölbt, ø 6 mm
- 19 Plastikstrasssteine in Hellblau, ø 5 mm
- UHU Alleskleber kraft flex+clear (Folienteile auf-
  einanderkleben)

GOLDENE STERNE
- Alu-Prägefolie in Gold, glatt, 0,15 mm stark, A4
- 3 Plastikstrasssteine in Rot, ø 3 mm
- Plastikstrasstropfen in Rot, 11 x 4 mm x 6 mm und
  6 x 6 mm x 10 mm

VORLAGE SEITE 82/83

Foliensterne
→ in Gold und Silber

1 Die Vorlage abpausen oder fotokopieren, grob ausschneiden und mit einem Tacker auf der Alufolie (außerhalb des Motivs) mit zwei oder drei Klammern fixieren (siehe Abbildung 1). Die Folie auf die Schneideunterlage legen, denn sie gibt beim Prägen etwas nach. Nun mit einem Geo-Dreieck® oder Lineal und der kleinen Kugel des Drückwerkzeugs alle Linien des Motivs kräftig nachziehen. Bei mehrteiligen Sternen (silberne Sterne) die Fotokopie wieder abnehmen und daneben erneut festtackern und das zweite oder dritte Sternteil mit dem Kugelschreiber nachziehen.

2 Die Vorlage abnehmen und die äußere Kontur der Sterne mit einer Schere ausschneiden. Beim Ausschneiden der Sternform nicht direkt auf der Prägelinie schneiden, sondern etwa 1 mm außerhalb dieser Linie den Stern ausschneiden. Für die Innenschnitte den Folienstern auf eine Schneideunterlage legen und mit dem Cutter die Flächen herausschneiden (siehe Abbildung 2).

3 Bei einem Stern werden die zuvor ausgeschnittenen Vierecke an einer anderen Stelle wieder auf den Stern geklebt (siehe silberner Stern). Für die Alu-Prägefolienteile und die Pailletten den Alleskleber verwenden. Auch an die Stellen, an die die Strasssteine geklebt werden, zuvor jeweils eine Paillette kleben.

4 Die Plastikstrasssteine haben auf der Rückseite eine dünne Silberschicht. Bei lösungsmittelhaltigen Klebern wird diese Silberschicht an- oder aufgelöst und der ganze Glanz der Strasssteine geht verloren. Hier wird deshalb ein lösungsmittelfreier Kleber, UHU por, eigentlich ein Styroporkleber, verwendet.

Bastel-Tipp ✂

Wenn Sie kein Prägewerkzeug haben, können Sie auch einen leergeschriebenen Kugelschreiber verwenden.

1

2

MOTIVDURCHMESSER
ca. 6,5 cm, 9,5 cm und 16 cm

**MATERIAL
PRO STERN**
◆ Alu-Bastelfolie in Silber-Gold, 20 cm x 20 cm
◆ Tacker

**ZUSÄTZLICH FÜR ANHÄNGER
UND KARTE**
◆ Strukturpapier in Blau, 12 cm x 7 cm und
  22 cm x 11 cm
◆ Lurexkordel in Gold, ø 1 mm oder 2 mm,
  40 cm lang

VORLAGE SEITE 93

Faltklappsterne
→ immer wieder schön

Faltklappsterne schneiden

1 Von der Vorlage eine Schablone aus dünnem Karton anfertigen.

2 Das Papierquadrat diagonal zu einem Dreieck falten. Dieses Dreieck in der Mitte falten, wieder öffnen und so hinlegen, dass sich die Faltlinie nach oben wölbt (Bergfalte). Die beiden seitlichen Ecken zur Mitte falten, damit ein Quadrat entsteht (siehe Abbildung 1).

3 Die beiden Ecken rechts und links entlang der Mittellinie nach innen falten, damit eine Drachenform entsteht. Die linke Drachenhälfte nach hinten falten. Die Schablone auflegen und die Umrisse mit Bleistift nachzeichnen. Das gefaltete Papier oberhalb der Konturen mit dem Tacker zusammenheften.

4 Auf einer Schneideunterlage die Konturen mit dem Cutter nachschneiden. Den Stern entfalten und die Einschnitte nach außen umklappen, sodass die andersfarbige Rückseite zum Vorschein kommt (siehe Abbildung 2 und 3).

Anhänger

Das Papierrechteck, 12 cm x 7 cm, in der Mitte anritzen und zu einer Doppelkarte, 6 cm x 7 cm, falten. Den kleinsten Stern aufkleben und die Karte mit der Lochzange lochen. Die Lurexkordel durchziehen und die Enden miteinander verknoten.

Karte

Das große Papierrechteck, 22 cm x 11 cm, in der Mitte anritzen und falten. Den mittelgroßen Stern aufkleben.

1

2

3

STERNE
ÜBER STERNE

Hier präsentieren sie sich in ihrer enormen Vielfalt. Wie wäre es beispielsweise mit einem wirkungsvollen Glasmosaik-Stern oder einer dekorativen Sternenlichterkette?

Glasmosaik-Stern

→ mal etwas anderes

1 Die Plexiglasplatte auf die Vorlage legen und die Konturen mit Lineal und wasserfestem Filzstift nachziehen. Den Umriss des Sterns mit der Dekupiersäge mit langsam eingestellter Geschwindigkeit aussägen. Bei hoher Geschwindigkeit schmilzt das Plexiglas und lässt sich dann nicht mehr sägen. Die Schnittkanten evtl. mit einer Feile oder mit Schleifpapier glätten.

2 Da die drei Sternflächen relativ schmal sind, wird das Mosaik gecrackelt, bevor es aufgeklebt wird. Dazu die beiden Mosaikplatten mit der farbigen Seite nach unten auf eine Unterlage legen und mit dem Crackle-Klopfer leicht anklopfen, damit die Platte in kleine Mosaiksteine zerfällt.

3 Zuerst den äußeren Stern auf der Plexiglasplatte mit dem Silikonkleber bestreichen und die silbernen Mosaiksteine am besten mit einer Pinzette auflegen. Dabei am äußeren Rand beginnen und nach innen zur Filzstiftlinie des zweiten Sterns hin arbeiten. Nun die Fläche des zweiten und dritten Sterns mit Kleber bestreichen und mit den orangefarbenen bzw. silbernen Mosaiksteinen belegen. Der Kleber sollte nun zwölf Stunden trocknen.

4 Die Fugenmasse gemäß Herstellerangaben anrühren und die aufgeklebten Mosaiksteine verfugen. Die überschüssige Fugenmasse sofort mit Küchenpapier abwischen. Den Stern erneut zwölf Stunden trocknen lassen und anschließend mit Polierwolle glänzend reiben.

5 Abschließend den Sternrand mit dem Aluband bekleben. Beim Ankleben des Alubandes zwischen zwei Zacken beginnen und auch dort enden.

Einkaufs-Tipp

Eine Plexiglasplatte erhalten Sie in gut sortierten Bastelfachgeschäften oder im Baumarkt.

MOTIVDURCHMESSER
ca. 23 cm

MATERIAL
- Plexiglas, 3 mm stark, 25 cm x 25 cm
- je 1 Crackle-Mosaikplatte in Silber und Orange, 4 mm stark, 15 cm x 20 cm
- Silikonkleber
- Fugenmasse in Weiß
- selbstklebendes Aluband, 6–7 mm breit, 90 cm lang
- Crackle-Klopfer
- Spachtel
- Polierwolle
- Dekupiersäge
- Feile oder Schleifpapier
- Küchenpapier
- wasserfester Filzstift

VORLAGENBOGEN B

MOTIVDURCHMESSER
ca. 17 cm, 22,5 cm und 23 cm

MATERIAL
FÜR ALLE STERNE
◆ Crushpaper in Rot-Gold, 8 x 6 cm x 6 cm
  oder 16 x 8 cm x 8 cm

Origami-Sterne
→ **raffiniert gefaltet**

Oberer Stern

Den Stern aus acht 8 cm großen Papierquadraten falten. Jedes der acht Module wie folgt falten: diagonal falten und wieder öffnen. Die beiden Seiten zur Mitte falten, sodass eine Drachenform entsteht. Die stumpfe Spitze nach oben falten und wieder nach unten klappen. Die zuvor zur Mittellinie gefalteten Seiten bis zur Hälfte nach außen falten. Nun die beiden seitlichen Ecken zur Mittellinie falten, sodass sie sich berühren. Die acht Module so aufeinanderkleben, dass die stumpfe Spitze des oberen Moduls stets die Hälfte des darunterliegenden Moduls verdeckt.

Mittlerer Stern

Den Stern aus acht 8 cm großen Papierquadraten falten. Jedes der acht Module wie folgt falten: diagonal falten und wieder öffnen. Die beiden Seiten zur Mitte falten, sodass eine Drachenform entsteht. Das Papier wenden. Die Seiten erneut zur Mitte hin falten, jedoch sollte dazwischen noch ein Abstand von 6 mm bleiben. Die acht gefalteten Module so aufeinanderkleben, dass die stumpfe Spitze des oberen Moduls stets die Hälfte des darunterliegenden Moduls verdeckt.

Unterer Stern

Den kleinen Stern aus acht 6 cm großen Papierquadraten falten. Jedes der acht Module wie folgt falten: diagonal falten und wieder öffnen. Die beiden Seiten zur Mitte falten, sodass eine Drachenform entsteht. Die Ecken der beiden nach innen gefalteten Seiten wieder nach außen falten. Die Spitzen dieser Ecken nach unten falten. Die acht Module so aufeinanderkleben, dass die stumpfe Spitze des oberen Moduls stets die Hälfte des darunterliegenden Moduls verdeckt.

Stecksterne in Gold

→ haben einen glänzenden Auftritt

MOTIVDURCHMESSER
ca. 12 cm

**MATERIAL
PRO STERN**
◆ Musterkarton in Gold, A4

VORLAGENBOGEN B

1 Von den Vorlagen Schablonen anfertigen. Dazu die Vorlagen fotokopieren und auf Karton kleben, ausschneiden und die Einschnitte mit einem Cutter ausarbeiten.

2 Die Umrisse der Schablonen samt Einschnitten auf den Goldkarton übertragen. Das zweizackige Motivteil wird doppelt benötigt. Da für diese Sterne einseitig bedruckter Musterkarton verwendet wird und beide Kartonseiten sichtbar sind, müssen alle Motivteile doppelt angefertigt und Rücken an Rücken aufeinandergeklebt werden. Die Motivteile ausschneiden, dabei die Einschnitte leicht mit dem Cutter verbreitern, sodass sich die Teile besser zusammenstecken lassen. Sind die Einschnitte jedoch zu breit, fällt der Stern wieder auseinander.

3 Zunächst die beiden vierzackigen Motivteile zusammenstecken (siehe Abbildung unten links). Danach die beiden zweizackigen Motivteile aufstecken.

Fächersterne

→ **zeitlos**

MOTIVDURCHMESSER
ca. 18 cm

**MATERIAL
PRO STERN**

◆ Transparentpapier mit Sterndekor in Rot oder
  Blau, 60 cm x 10 cm
◆ UHU Alleskeber kraft Powerblock

1 Den Papierstreifen mit Geo-Dreieck® und Cutter im Abstand von jeweils
2 cm der Breite nach anritzen und dann als Fächer falten.

2 Für die Sternspitzen eine Seite des gefalteten Papierstreifens in einem
leichten Bogen abschneiden, d. h. eine Streifenlängsseite ist 9 cm, die andere
6 cm lang. Wenn die Streifenlängsseiten länger sind, lässt sich der Stern später
nicht auffächern.

3 Den gefalteten Papierstreifen zu einer Röhre formen und Anfang und Ende
mit UHU Alleskleber kraft Powerblock zusammenkleben. Nach dem Trocknen
ein Röhrenende aufspreizen und das andere zusammenschieben, sodass die
Sternform entsteht. In die leicht geöffnete Sternmitte etwas Alleskleber trop-
fen, die Sternmitte zusammenschieben und halten, bis der Klebstoff trocken ist.

Sternenlichterkette

→ zaubert eine angenehme Atmosphäre

MOTIVDURCHMESSER
ca. 14 cm

MATERIAL
FÜR LICHTERKETTE MIT ZEHN
STERNEN
- 2 Rollen Transparentpapier extra stark in Violett
- Lichterkette mit 10 Birnchen
- evtl. Rundholzstab, ca. 15 cm lang

VORLAGE SEITE 91

1 Die Vorlage fotokopieren, auf Karton kleben und ausschneiden. Die durchgezogenen Linien zwischen den Zacken 1,5 cm tief einschneiden. Den Umriss dieser Schablone mit Bleistift auf das Transparentpapier übertragen.

2 Das Muster des Transparentpapiers der Sternform anpassen, indem die Schablone unter das Transparentpapier gelegt und so lange verschoben wird, bis die richtige Position gefunden wurde. Die Eckpunkte und die Punkte zwischen den Zacken jeweils mit einer Vorstechnadel markieren. Den Umriss mit Bleistift aufzeichnen, den Stern grob ausschneiden und so hinlegen, dass sich die farbintensive Seite des Transparentpapiers oben befindet.

3 Mit Cutter und Lineal die Strichpunktlinien zwischen den Einstichstellen leicht nachziehen, damit sich das Transparentpapier leicht und exakt falten lässt. Das Papier wenden und die gestrichelten Linien anritzen. Den Stern ausschneiden und zwischen den Zacken 1,5 cm tief einschneiden. Den Stern falten (siehe Abbildung 1).

4 Zwei gefaltete Sterne mit der matten Seite nach innen aufeinanderlegen. Zwischen zwei Sternzacken befindet sich eine Kerbe. Die Kerben beider Sterne sollten übereinanderliegen. An einem Zacken von beiden Sternen jeweils ein Klebedreieck nach außen klappen. Ein Klebedreieck auf der Vorderseite, das andere auf der Rückseite dünn mit Alleskleber kraft bestreichen. Die Klebedreiecke aufeinanderkleben und diesen Schritt reihum fortsetzen (siehe Abbildung 2).

5 Beim Kleben der beiden letzten Zacken kann mit den Fingern nicht mehr von innen dagegengedrückt werden. Deshalb einen Rundholzstab oder etwas Ähnliches durch die gegenüberliegende Öffnung zwischen die Sternzacken stecken. Mit einer Hand den Stab halten und mit der anderen die Klebedreiecke aufeinanderdrücken.

6 Die Sterne mit der größeren Kerbenöffnung auf die Birnchenfassungen stecken.

Bastel-Tipp ✂

Versuchen Sie am besten zuvor an einem Reststück, wie stark der Druck beim Anritzen des Papiers sein sollte, sodass Sie das Papier leicht falten können.

Sechszackige Sterne

→ im Winter-Look

MOTIVDURCHMESSER
ca. 20 cm

**MATERIAL
PRO STERN**
- Musterkarton in Blau-Weiß, 2 x 21 cm x 21 cm
- Nylonfaden
- evtl. Stahllineal
- Streichholz oder durchgebohrte Holzperle

VORLAGE SEITE 94

1 Die Vorlage fotokopieren, auf Karton kleben und ausschneiden. Die Schablone auf den Musterkarton legen und den Umriss zwei Mal aufzeichnen. Die Eckpunkte und die Punkte zwischen den Zacken jeweils mit einer Vorstechnadel markieren. Beide Motivteile am besten mit Cutter und Stahllineal ausschneiden.

2 Die Strichpunktlinien mit dem Cutter leicht anritzen, falten und wieder öffnen. Beide Motivteile wenden und nun die gestrichelten Linien anritzen, falten und wieder öffnen (siehe Abbildung 1 und 2).

3 Die schmalen, umgeklappten Dreiecke an den Sternzacken beider Sterne mit Klebstoff bestreichen, beide Sternteile aufeinanderlegen und zusammendrücken. Zuvor noch den Aufhängefaden einlegen, an dessen unteres Ende eine Holzperle oder ein Stück Streichholz gebunden ist. Der fertig geklebte Stern wölbt sich leicht in der Mitte und an den Zacken.

1

2

Filzsterne

→ **stimmungsvolle Deko**

MOTIVDURCHMESSER
ca. 12 cm, 14 cm und 20 cm

MATERIAL
FÜR ALLE STERNE
- 2 Bastelfilz in Orange und Dunkelrot, A4
- 2 Fotokarton in Orange und Dunkelrot, A4
- Malglitter in Gold und Rot
- Stoffkleber, z. B. UHU Creativ
- UHU por (Kleber für die Strasssteine)

GROSSER STERN
- 11 Strasssteine in Rot, ø 0,6 cm
- 5 Strasstropfen in Rot, 1 cm lang
- evtl. Pinzette

MITTLERER STERN
- Strassstein in Rot, ø 0,8 cm
- evtl. Pinzette

KLEINER STERN
- Konturenfarbe Metallic Paint in Gold

VORLAGENBOGEN B

1   Von den fünf- und siebenzackigen Sternen Schablonen anfertigen. Die Umrisse der Schablonen auf den Fotokarton in Orange und Dunkelrot übertragen. Die Kartonsterne ausschneiden, auf einer Seite mit dem Stoffkleber bestreichen und auf den gleichfarbigen Filz drücken. Dabei den Stoffkleber sparsam auftragen, sonst drückt er sich durch den Filz. Trocknen lassen und anschließend den Stern ausschneiden.

2   Die Sterne in der gewünschten Anordnung mit dem Stoffkleber aufeinanderkleben und schließlich mit dem Malglitter bemalen. Den großen roten Stern mit rotem und die orangefarbenen Sterne mit goldenem Malglitter verzieren. Den Malglitter am besten mit einem Pinsel auftragen.

3   Auf den kleinen Stern mit der Konturenfarbe goldene Punkte auftupfen.

4   Die Strasssteine und -tropfen mit Klebstoff bestreichen und mit einer Pinzette auf den Stern kleben. Als Klebstoff eignet sich UHU por, weil er keine Lösungsmittel enthält und sich deshalb die Silberschicht auf der Rückseite der Strasssteine nicht löst. Alleskleber mit Lösungsmittel lösen die Silberschicht auf und der Stein wirkt stumpf.

HINWEIS

Manche Vorlagen hier im Buch wurden verkleinert. Diese Vorlagen bitte einfach mit dem angegebenen Vergrößerungsfaktor im Kopiergeschäft kopieren und dann diese Kopien wie normale Vorlagen nutzen.

Foliensterne
SEITE 65

Silberne Sterne

Foliensterne
SEITE 65

Goldene Sterne

Fröbelsterne

SEITE 29

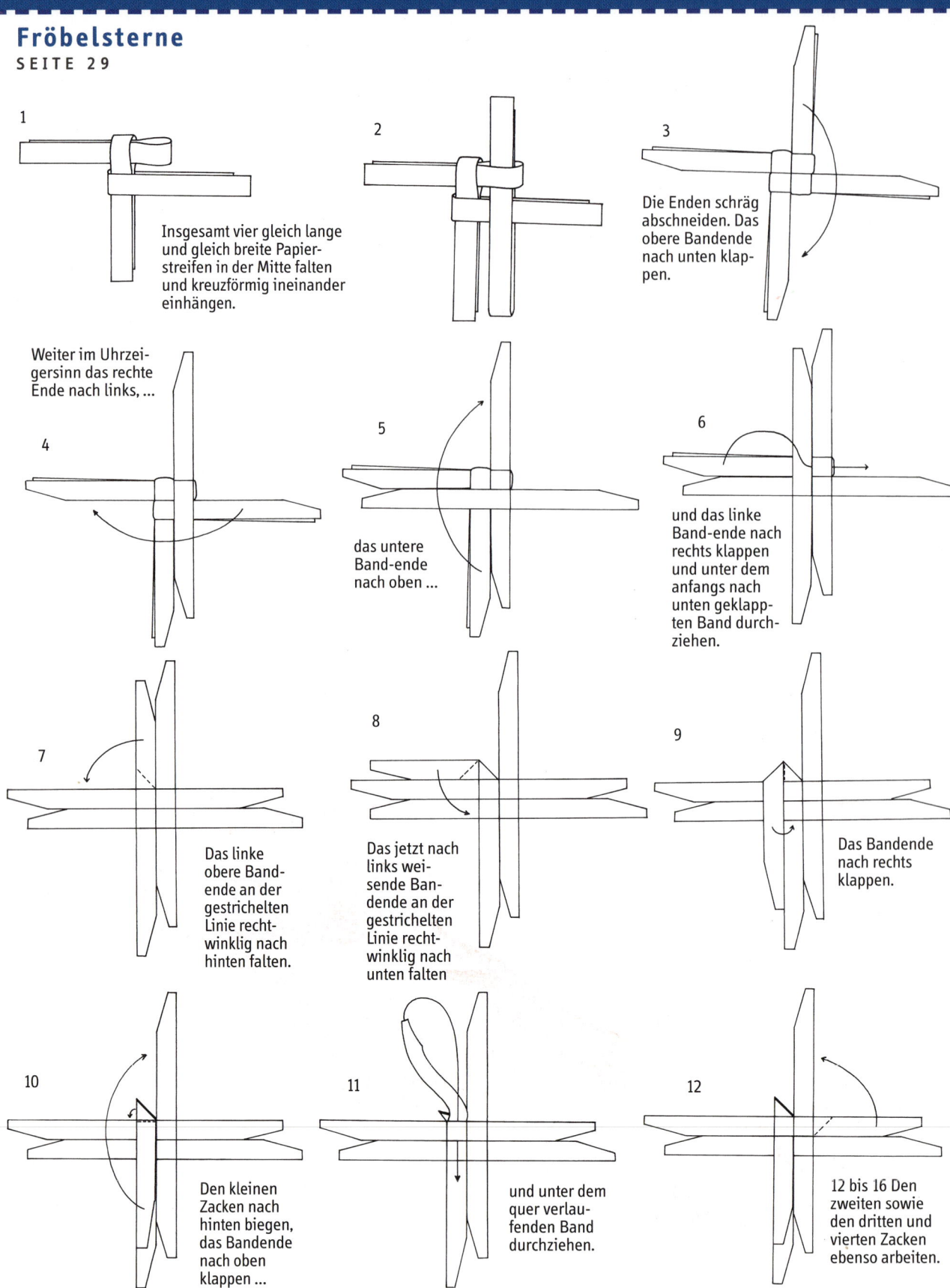

1

Insgesamt vier gleich lange und gleich breite Papierstreifen in der Mitte falten und kreuzförmig ineinander einhängen.

2

3

Die Enden schräg abschneiden. Das obere Bandende nach unten klappen.

Weiter im Uhrzeigersinn das rechte Ende nach links, ...

4

5

das untere Band-ende nach oben ...

6

und das linke Band-ende nach rechts klappen und unter dem anfangs nach unten geklappten Band durchziehen.

7

Das linke obere Band-ende an der gestrichelten Linie rechtwinklig nach hinten falten.

8

Das jetzt nach links weisende Band-ende an der gestrichelten Linie rechtwinklig nach unten falten

9

Das Bandende nach rechts klappen.

10

Den kleinen Zacken nach hinten biegen, das Bandende nach oben klappen ...

11

und unter dem quer verlaufenden Band durchziehen.

12

12 bis 16 Den zweiten sowie den dritten und vierten Zacken ebenso arbeiten.

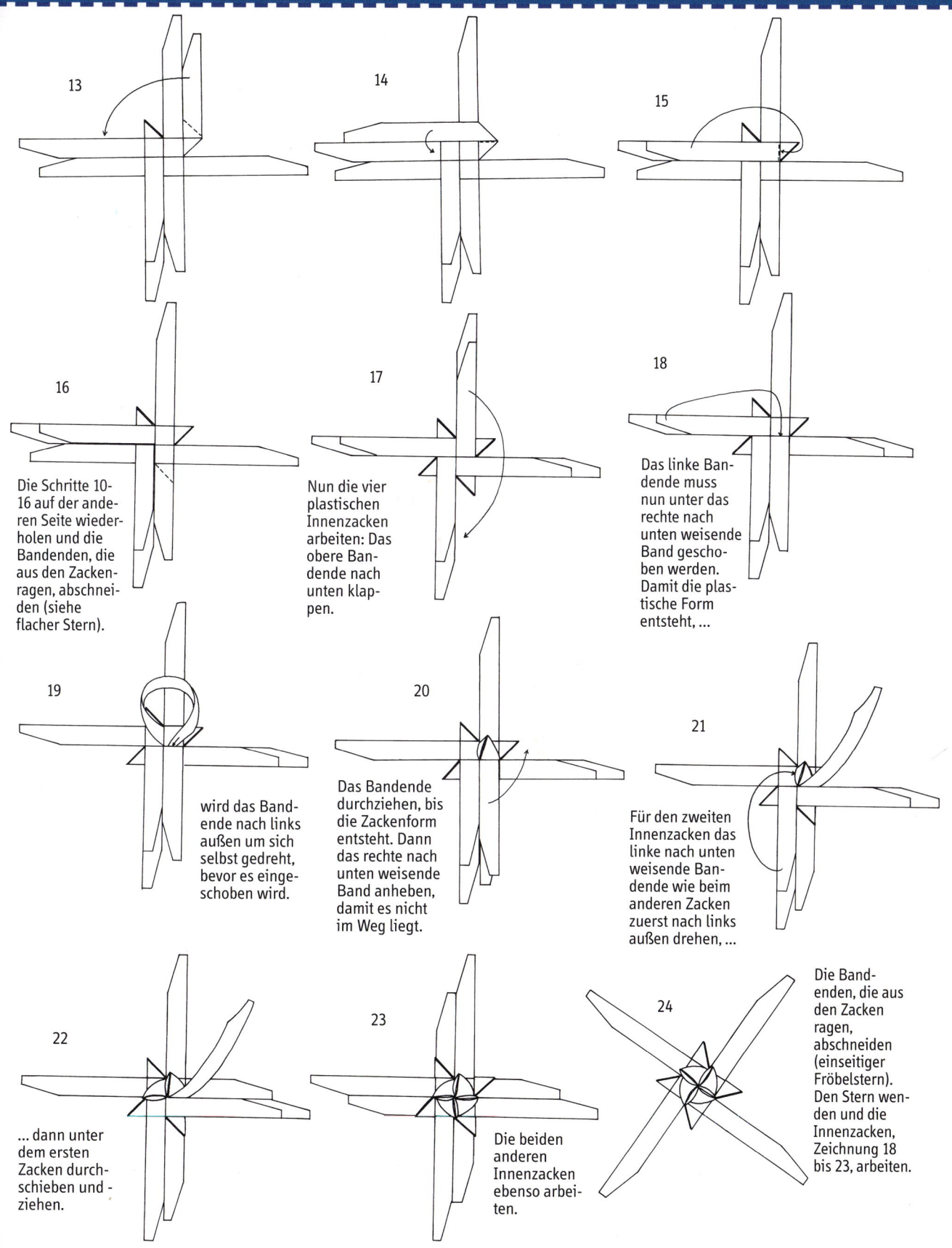

13

14

15

16

Die Schritte 10-16 auf der anderen Seite wiederholen und die Bandenden, die aus den Zackenragen, abschneiden (siehe flacher Stern).

17

Nun die vier plastischen Innenzacken arbeiten: Das obere Bandende nach unten klappen.

18

Das linke Bandende muss nun unter das rechte nach unten weisende Band geschoben werden. Damit die plastische Form entsteht, ...

19

wird das Bandende nach links außen um sich selbst gedreht, bevor es eingeschoben wird.

20

Das Bandende durchziehen, bis die Zackenform entsteht. Dann das rechte nach unten weisende Band anheben, damit es nicht im Weg liegt.

21

Für den zweiten Innenzacken das linke nach unten weisende Bandende wie beim anderen Zacken zuerst nach links außen drehen, ...

22

... dann unter dem ersten Zacken durchschieben und -ziehen.

23

Die beiden anderen Innenzacken ebenso arbeiten.

24

Die Bandenden, die aus den Zacken ragen, abschneiden (einseitiger Fröbelstern). Den Stern wenden und die Innenzacken, Zeichnung 18 bis 23, arbeiten.

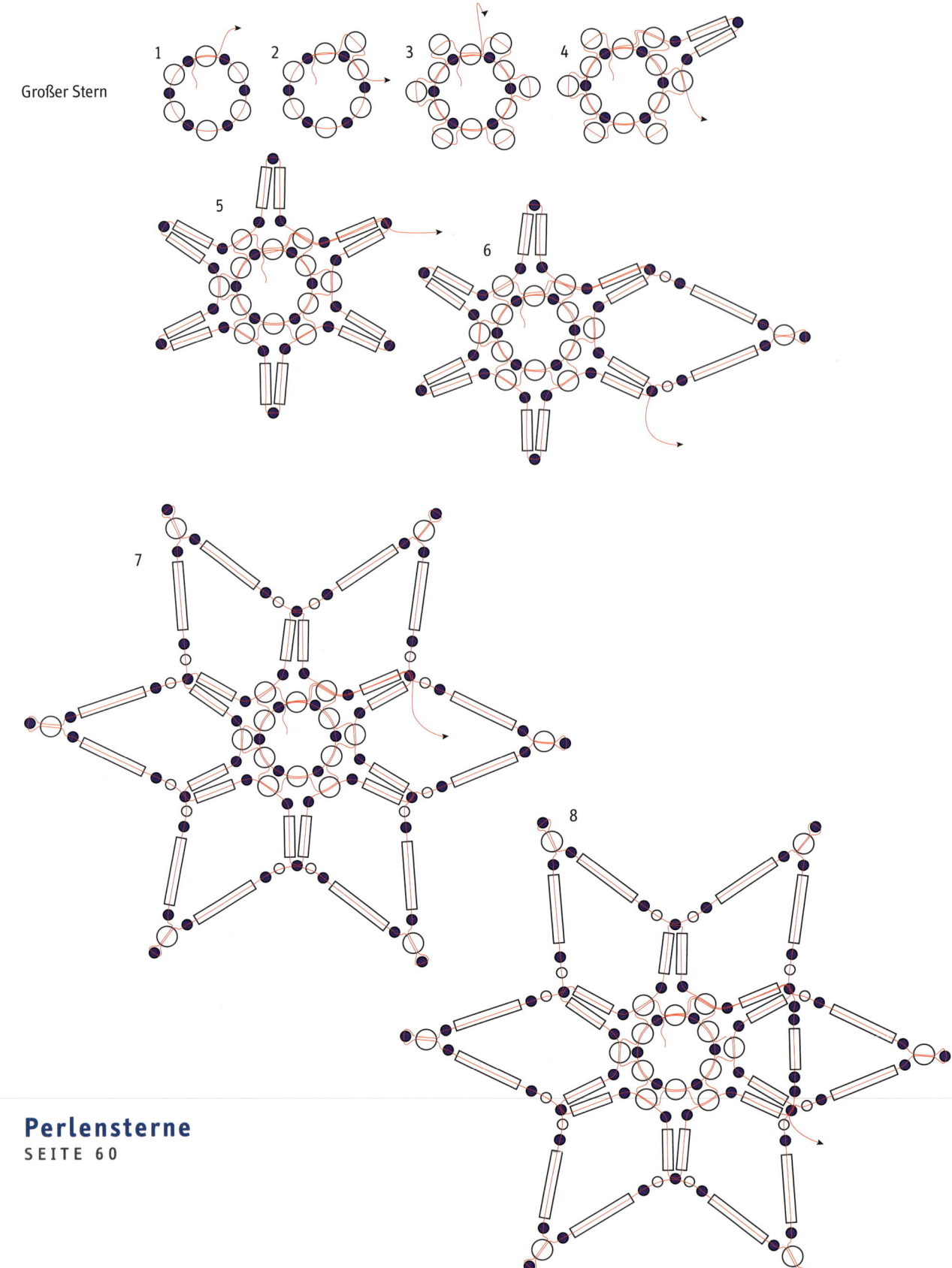

Großer Stern

1   2   3   4

5   6

7   8

Perlensterne
SEITE 60

Schöne Spansterne
SEITE 57

8 cm

2 cm

12 cm

Perlensterne
SEITE 60

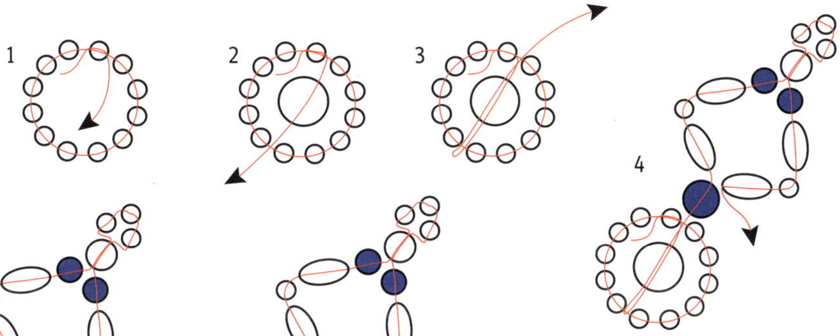

Linker Stern

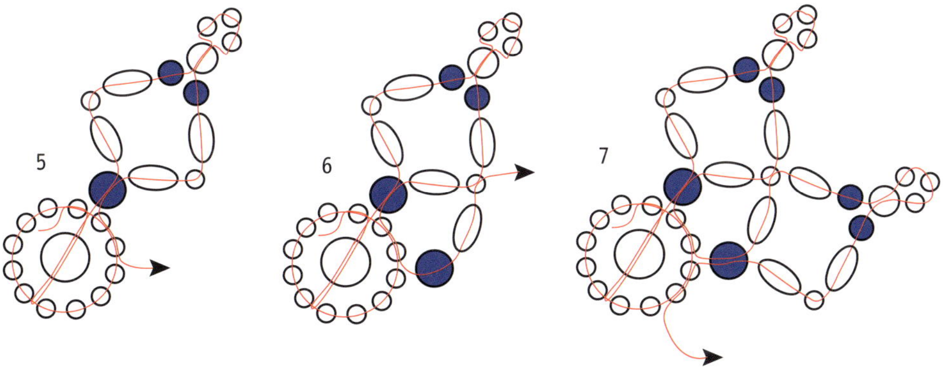

1   2   3

4

5   6   7

Rechter Stern

1   2   3   4   5

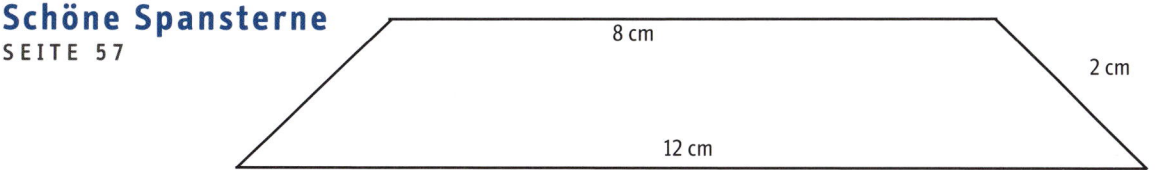

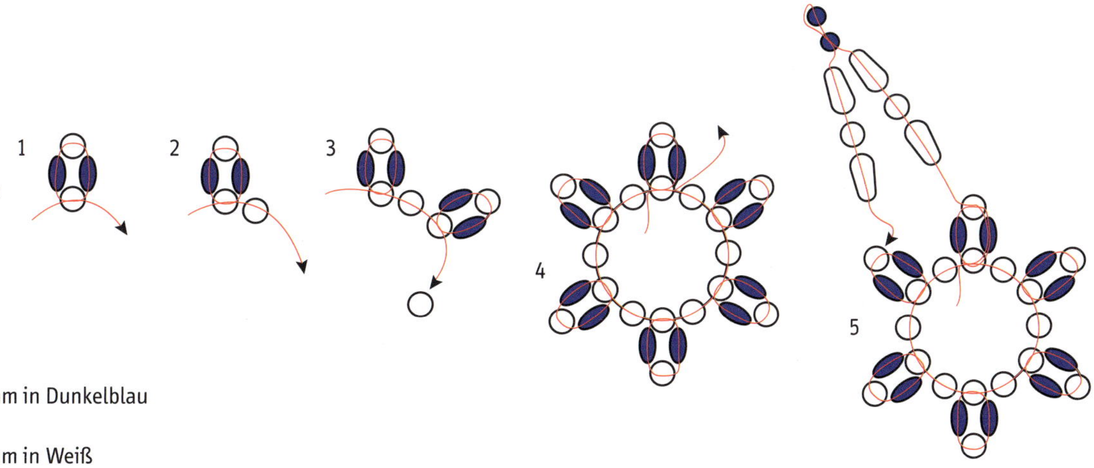

⬤ 6 mm in Dunkelblau

◯ 5 mm in Weiß

○ 4 mm in Weiß

● 3 mm in Dunkelblau

⬭ Tropfen in Weiß, 8 mm x 4 mm

⬮ Perle in Dunkelblau, oval, 6 mm x 3 mm

🔘 6 mm in Silber

· 3 mm in Silber

▬ Glasstift in Silber, gedreht, 2 cm lang

▬ Glasstift in Silber, gedreht, 1,2 cm lang

Blauer Stern

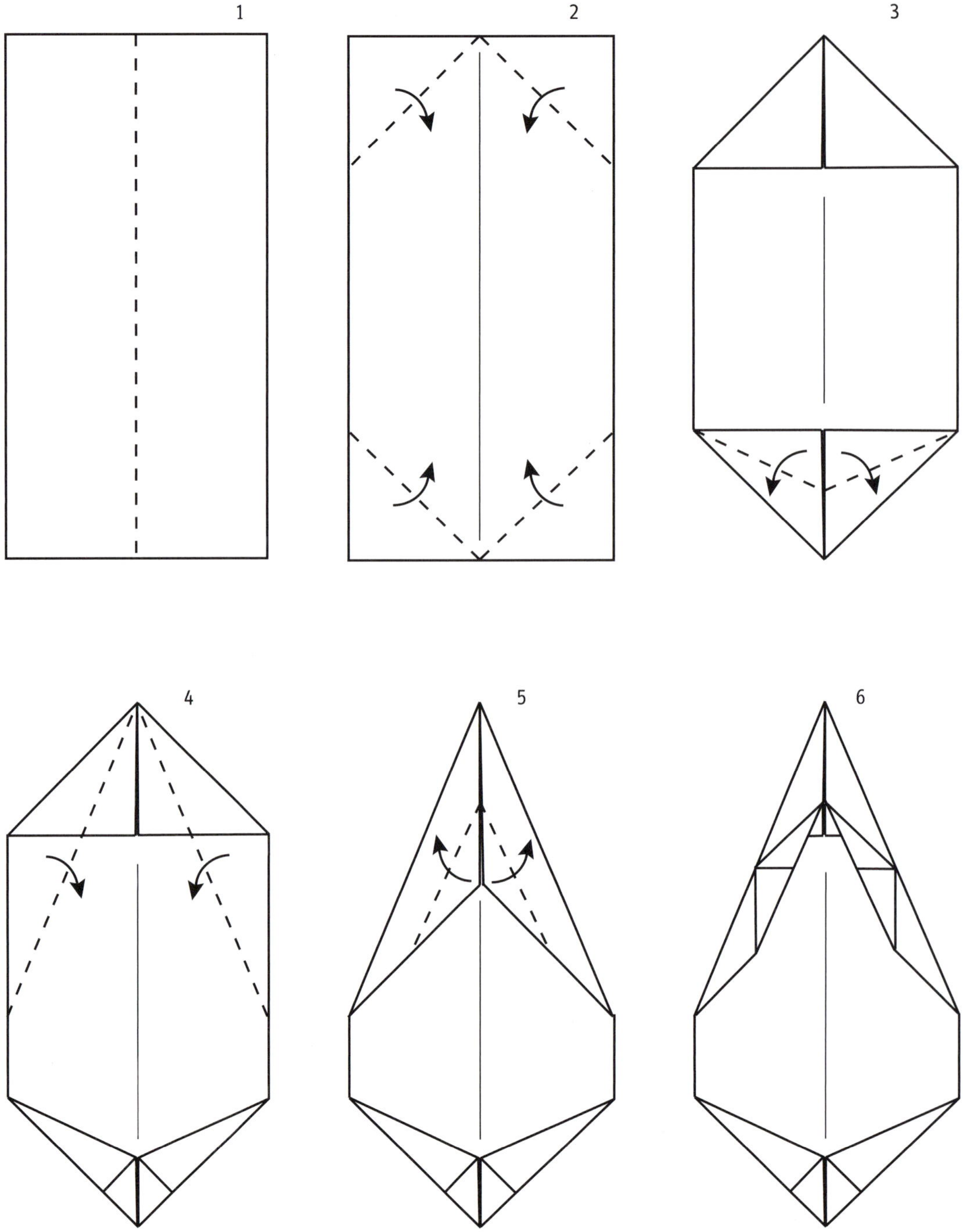

1

2

3

4

5

6

Leuchtende Fenstersterne
SEITE 10

Gelber Stern

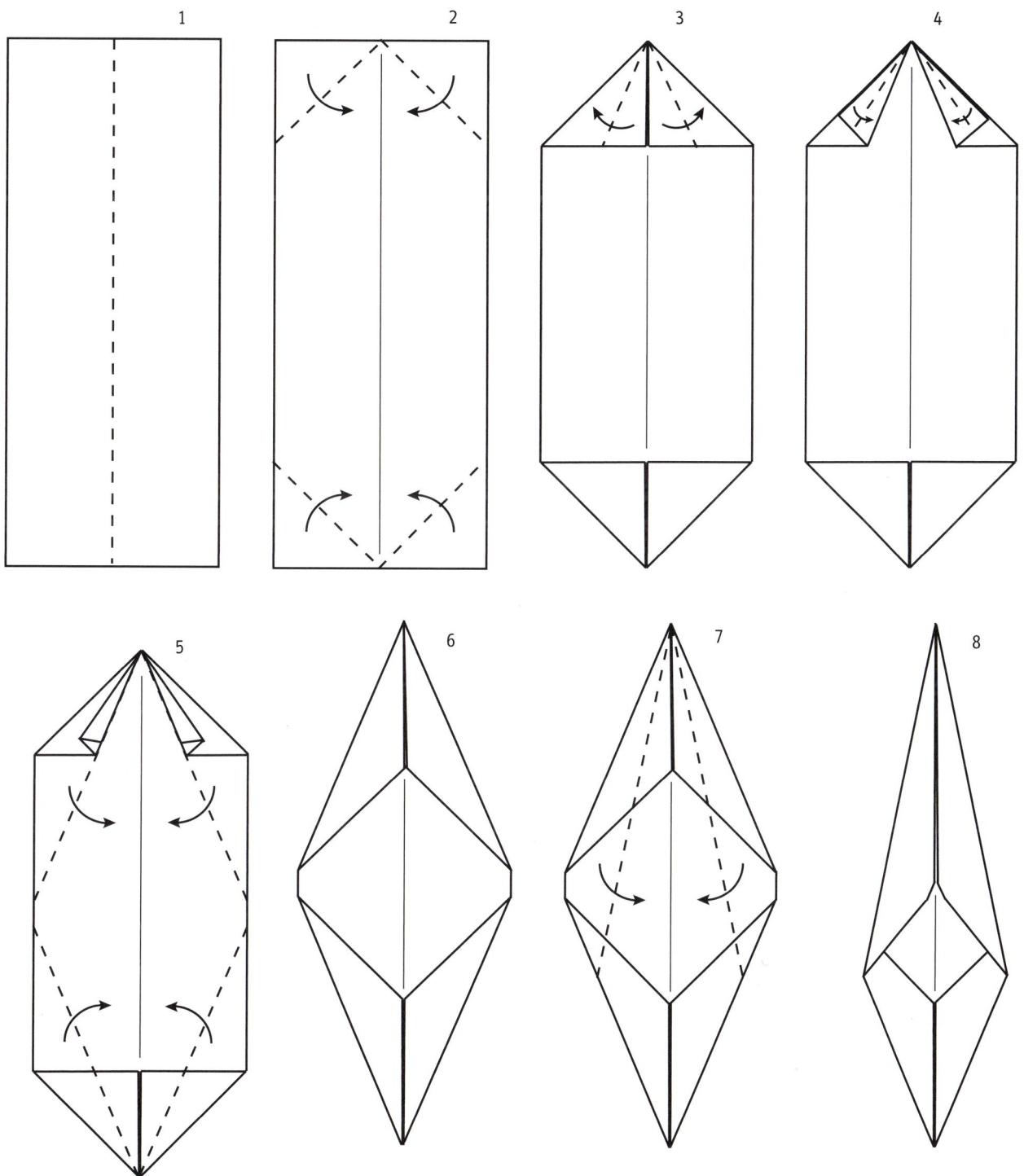

Leuchtende Fenstersterne
SEITE 10

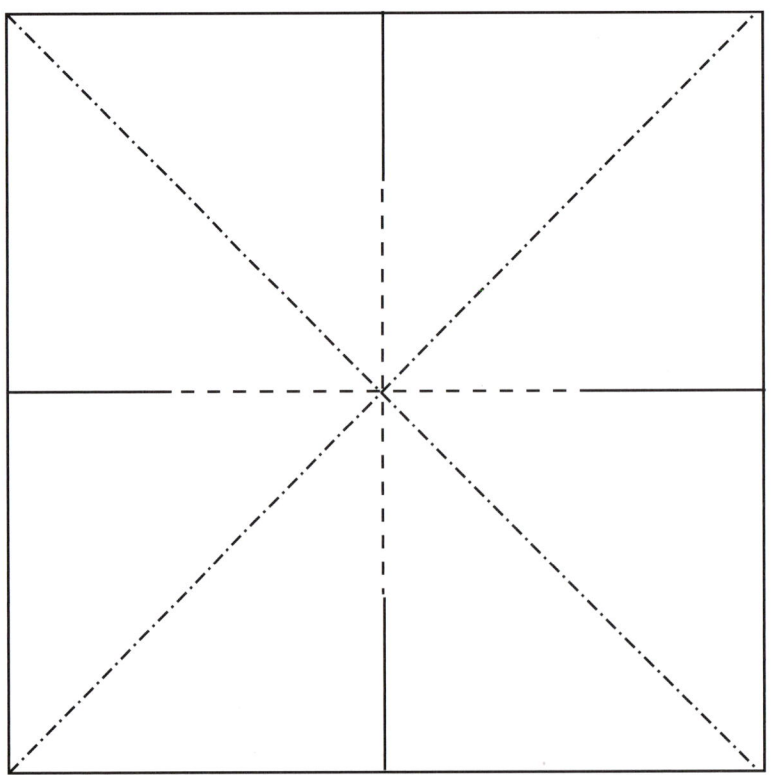

Sterne in Orange und Grün
SEITE 43

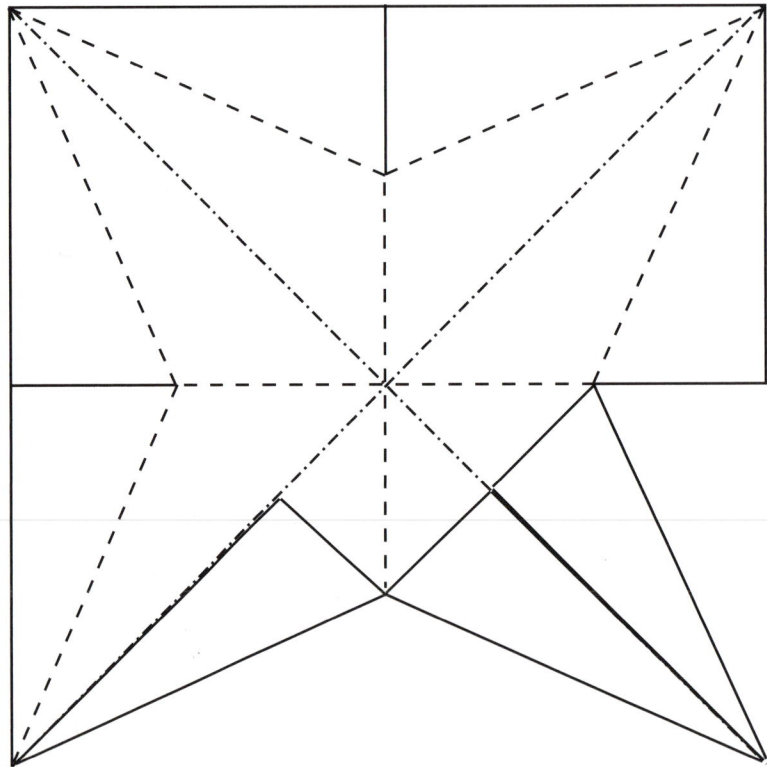

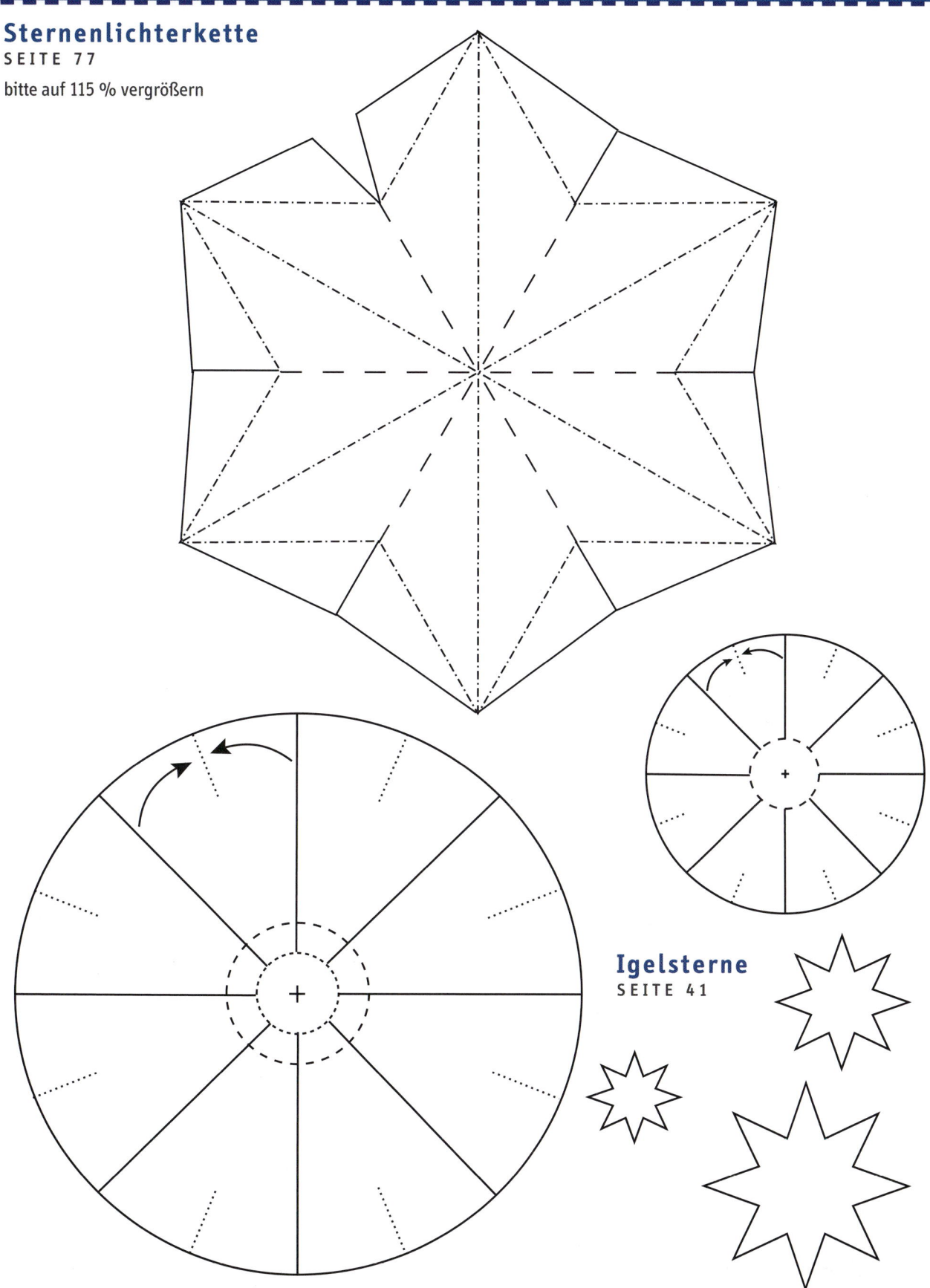

Sternenlichterkette
SEITE 77

bitte auf 115 % vergrößern

Igelsterne
SEITE 41

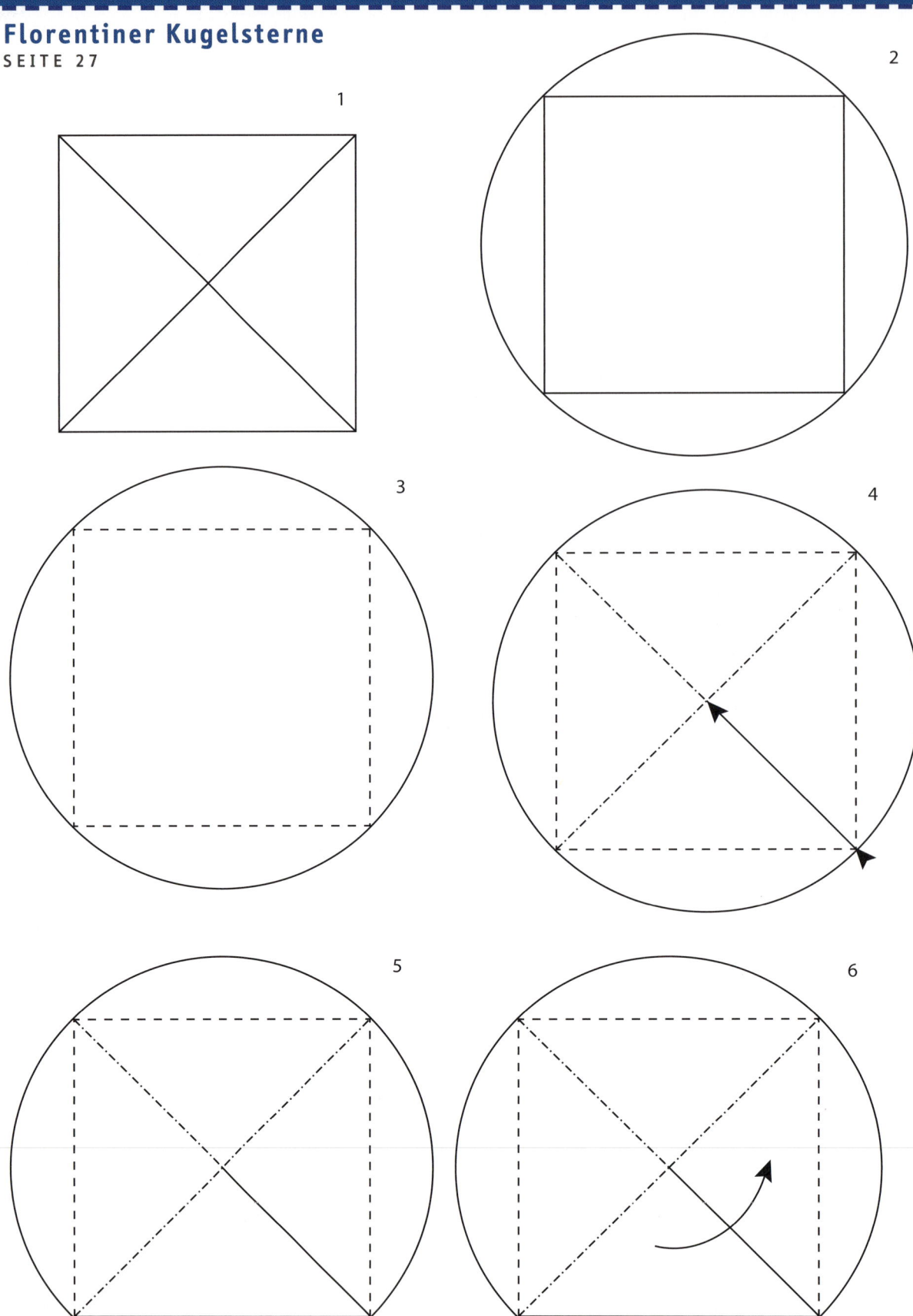

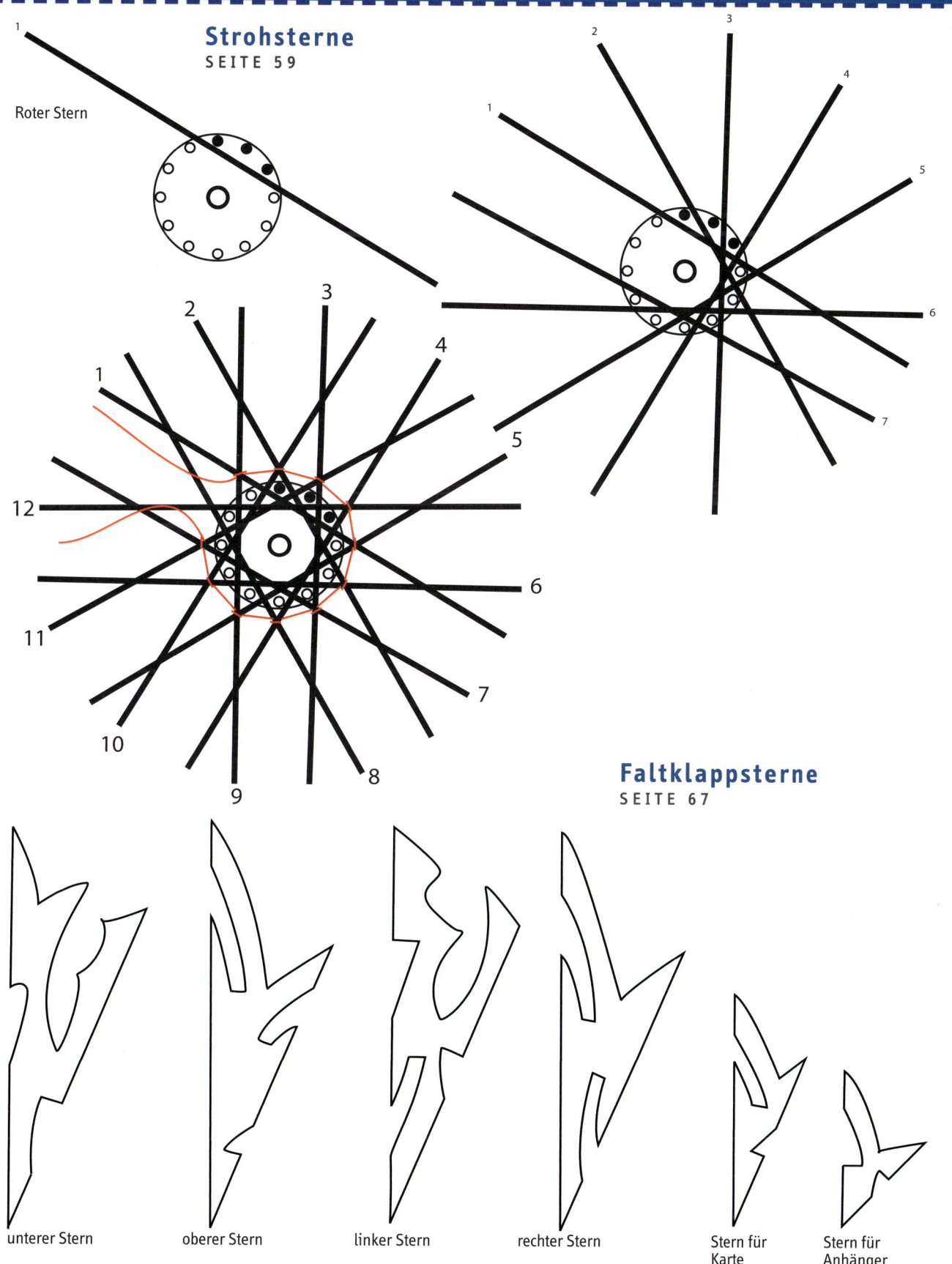

Strohsterne
SEITE 59

Roter Stern

Faltklappsterne
SEITE 67

unterer Stern

oberer Stern

linker Stern

rechter Stern

Stern für Karte

Stern für Anhänger

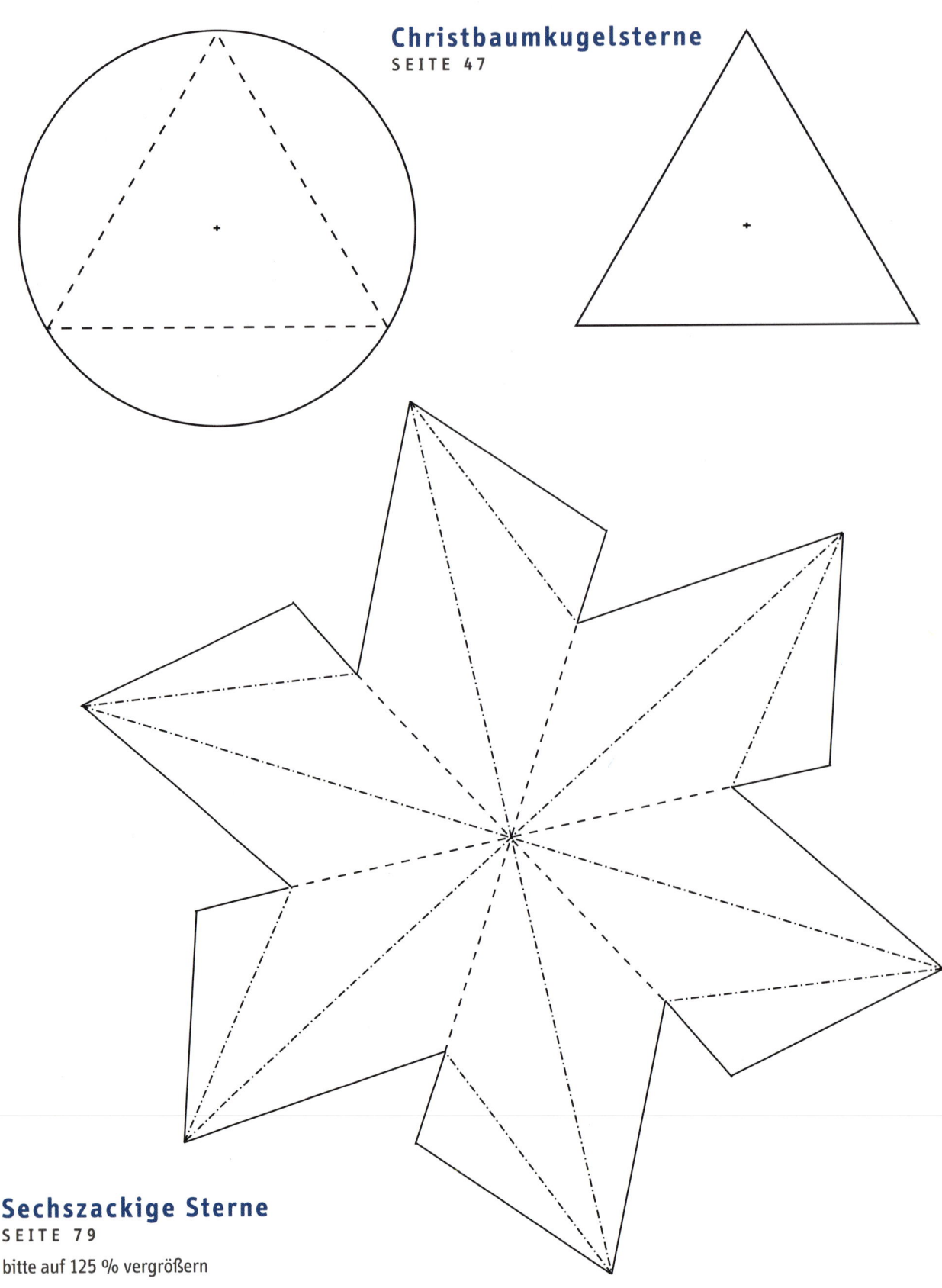

Christbaumkugelsterne
SEITE 47

Sechszackige Sterne
SEITE 79

bitte auf 125 % vergrößern

94

lebt mit seiner Familie auf der Alb und ist seit über einem Vierteljahrhundert als Autor kreativ tätig. Eigentlich ist er Lehrer für Englisch, Biologie und bildende Kunst, aber dann kam der Allrounder zum Büchermachen. „Schuld" daran war seine Frau, die unter ihrem Mädchennamen Inge Walz noch heute Bücher, teils mit ihrem Mann, teils alleine, im frechverlag veröffentlicht. Zweifelsohne ein Glücksfall für die kreative Welt! Es gibt (fast) kein Material, das Armin Täubners Phantasie nicht beflügelt, und kaum eine Technik, die er sich nicht in kürzester Zeit angeeignet hat. Sein liebstes Material ist und bleibt aber Papier.

MODELLE: Armin Täubner und Inge Walz

Genehmigte Sonderausgabe für die Verlagsgruppe Weltbild GmbH, Steinerne Furt 67, D-86167 Augsburg

FOTOS: frechverlag GmbH, 70499 Stuttgart; Armin Täubner (Arbeitsschrittbilder Seite 7/8, 12, 17, 20–22, 26, 28, 34, 36, 38, 42, 44, 56, 64, 66, 70, 72, 74, 76, 78 sowie Modelle Seite 14 und 32); Fotostudio Ullrich & Co., Renningen (alle übrigen)

DRUCK UND BINDUNG: Korotan d.o.o., Ljubljana, Slowenien

© 2009 frechverlag GmbH, 70499 Stuttgart

ISBN 978-3-7724-5405-9

Einkaufen im Internet: www.weltbild.de